無水調理からパンまで

何度も作りたくなる

ストウブレシピ

上島亜紀

ナツメ社

Prologue
ストウブさえ、あれば。

料理と鍋は切っても切れません。毎日使う鍋は気に入ったものを使うのが一番です。その鍋が機能性、耐久性、デザイン性に優れていたら素敵ですよね。ストウブは煮る、炒める、焼く、蒸す、炊く、揚げるなどの全ての料理をおいしく仕上げてくれます。通常はフライパンで焼きつけて、鍋でコトコト煮込むような肉たっぷりのビーフシチューや、野菜をじっくり炒めて煮込むラタトゥイユなどなど、炒めて煮込む、焼いて煮込むの合わせ技もひとつの鍋で仕上げてくれます。素敵なデザインですので、食卓にそのまま器として出しても…。また、耐熱性に優れたストウブは パンやお菓子の型としても秀逸です。ストウブはなぜ無水で調理できるのか、食材が焦げつきにくいのかなど、鍋の秘密もお伝えしています。この本を通して、皆さまの日々のごはんがおいしくわくわくするものになりますように。ストウブの蓋を開けたときの感動をお伝えできればと思います。

上島亜紀

Contents

- 2 Prologue
- 6 STAUBって?
- 10 この本の使い方
- 126 さくいん

いつもの野菜がごちそうに!
STAUBのシンプル野菜レシピ

- 12 **STAUBのおいしさのヒミツ1**
  どうして野菜はおいしくなるの?

[野菜を蒸す]

- 14 **1 蒸し玉ねぎ**
  Arrange Recipe 玉ねぎとナッツのチーズ焼き／焼き玉ねぎのバルサミコソース
- 16 **2 蒸しブロッコリー**
  Arrange Recipe ブロッコリーと干しえびの中華風炒め／ブロッコリーとじゃこの和え物
- 18 **3 蒸しさつまいも**
  Arrange Recipe さつまいもとくるみのシナモンバター／さつまいもとベーコンのスパイシー炒め
- 20 **4 蒸しかぼちゃ**
  Arrange Recipe かぼちゃのそぼろあんかけ／かぼちゃと大豆の和風クリームサラダ
- 22 **5 きのこの酒蒸し**
  Arrange Recipe きのこと長ねぎのフラン／厚揚げのきのこあんかけ
- 24 **6 ズッキーニの蒸し焼き**
  Arrange Recipe ズッキーニとえびのレモンサラダ
- 25 **7 蒸しとうもろこし**
  Arrange Recipe とうもろこしとピーマンのサラダ
- 26 **8 蒸し枝豆**
  Arrange Recipe 枝豆のホットソース和え
- 27 **9 いんげんの蒸し焼き**
  Arrange Recipe いんげんと生ハムのサラダ
- 28 **10 ゴロゴロ野菜の蒸し焼き**
  Arrange Recipe ゴロゴロ野菜のスープカレー／根菜と鮭の和風シチュー
- 30 **STAUBで作る豆料理**
- 34 教えて! STAUB こんなとき、どうする? [1]

しっとり、やわらか、旨味たっぷり!
STAUBの肉料理

- 36 **STAUBのおいしさのヒミツ2**
  どうして肉はおいしくなるの?

[鶏肉のおかず]

- 38 **1 蒸し鶏**
  Arrange Recipe 蒸し鶏とまいたけの棒々鶏
- 40 **2 洋風いり鶏**
  食べ方アイデア チキンのトマトパスタ
- 42 **3 タイ風焼き鳥**(ガイヤーン)
- 43 **4 タンドリーチキン**

[豚肉のおかず]

- 44 **1 焼き豚**
  Arrange Recipe 焼き豚と香味野菜のサラダ
- 46 **2 豚の角煮**
  食べ方アイデア 角煮丼
- 48 **3 ローストロールポーク**
- 49 **4 豚バラと冬瓜の含め煮**

[牛肉のおかず]

- 50 **1 ローストビーフ**
  Arrange Recipe ローストビーフの雑穀サラダ
- 52 **2 牛すね肉の煮込み**
  食べ方アイデア タルティーヌ
- 54 **3 牛すじ煮**
- 55 **4 牛肉の根菜ロール**
- 56 **STAUB+オーブンで ほったらかし常備ソース**
- 60 教えて! STAUB こんなとき、どうする? [2]

ふんわり、ホロホロ、旨味が凝縮！
STAUBの魚介料理

- 62 STAUBのおいしさのヒミツ 3
  どうして魚介はふっくら仕上がるの？

[魚介のおかず]

- 64 1 手作りツナ
  Arrange Recipe ツナとレモンのカルボナーラ
- 66 2 さばのレモンオリーブオイル蒸し
- 67 3 えびとじゃがいもの
     オリーブオイル蒸し
- 68 4 ぶり大根
- 69 5 いわしの梅干し煮
- 70 6 サーモンのチーズクリーム煮
- 71 7 いかのトマト煮
- 72 揚げ物だってSTAUBの得意料理
- 76 教えて！STAUB こんなとき、どうする？［3］

食材の旨味だけでだしいらず！
STAUBの煮込み＆スープ

- 78 STAUBのおいしさのヒミツ 4
  どうして無水調理は
  旨味が凝縮するの？

[煮込み＆スープ]

- 80 1 ポトフ
  Arrange Recipe スープパスタ
- 82 2 ひよこ豆と鶏の無水カレー
  食べ方アイデア 焼きカレー
- 84 3 豚肉とりんごの煮込み
- 85 4 豚バラと白菜のスープ煮
- 86 5 濃厚クラムチャウダー
- 87 6 コラテッラ（白もつのトマト煮込み）
- 88 STAUBでおもてなし料理

ふんわり、もっちり、かまど炊き仕上げ！
STAUBのごはん料理

- 96 STAUBのおいしさのヒミツ 5
  どうしておいしいごはんが炊けるの？

[炊き込みごはん]

- 98 1 鯛めし
  食べ方アイデア 鯛めし茶漬け
- 100 2 五目ごはん
- 101 3 しらすと梅の炊き込みごはん

[ピラフ]

- 102 1 サーモンとレモンの炊き込みピラフ
  食べ方アイデア ピラフおむすび
- 104 2 長ねぎとベーコンの炊き込みピラフ
- 105 3 ミックスビーンズのカレーピラフ
- 106 教えて！STAUB こんなとき、どうする？［4］

こねずに混ぜるだけ！ふわふわ、もっちり
STAUBのできたてパン

- 108 STAUBのおいしさのヒミツ 6
  どうして混ぜてオーブンに入れる
  だけでパンが焼けるの？

[パン]

- 110 1 カンパーニュ
  Arrange Recipe ブレックファーストサンド
  ／バナナとくるみのタルティーヌ
- 114 2 カマンベールチャパタ
  Arrange Recipe 生ハムとモッツァレラのサンド
  ／ラスク（ナツメグバター＆チーズバジル）
- 116 3 ちぎりパン
  Arrange Recipe 紅茶のフレンチトースト
- 118 4 フォカッチャ
  Arrange Recipe ポテサラサンド
- 120 5 タルトフランベ
- 122 STAUBで作るデザート

STAUBって？

プロが愛用する調理器具としても有名なストウブは、品質、機能性はもちろん、デザイン性も高いのが魅力。現在では料理好きな人や一般家庭でも幅広く愛用されています。

はじめてさんなら、とにかく使いやすいピコ・ココット ラウンド 20cm を使いこなして

ストウブの鍋を買うのも使うのもはじめて、という人におすすめなのが、ピコ・ココット ラウンド 20cm。蓋裏の突起（ピコ）から、食材の旨味を凝縮した蒸気が食材にまんべんなく降り注ぐので、極上のおいしさが実現します。また、2～4人分の煮込みや野菜の無水調理などはもちろん、作りおきおかずやおもてなし料理まで、主菜、副菜、デザートなどさまざまな調理に対応できます。

特徴 1
蓋裏の突起（ピコ）で食材から出る水蒸気を水滴にして落とす

『ピコ・ココット』の特徴としてあげられるのが、蓋裏の突起（ピコ）。加熱すると食材の旨味を凝縮した蒸気が突起（ピコ）を伝って食材にまんべんなく降り注ぐ（アロマ・レイン）ため、おいしさがアップ。

特徴 2
内側は、焦げつきにくいざらざらとした黒マット・エマイユ加工

ストウブの内側は、ガラス質のエナメルを溶かして施した、ざらざらとした黒マット・エマイユ加工。細かな凹凸で表面積が増えることから、油がよくなじみ、食材と接する面積が少なくなるため、焦げつきにくくなります。

特徴 3
直火、IH、オーブンなどで調理もOK！

ガスや炭などの直火はもちろん、IH調理器、オーブンなど、さまざまな熱源で調理が可能なのもうれしい特徴。煮込み料理なら、直火で沸騰させてからオーブン加熱もでき、パンやケーキを焼くときも鍋ごとオーブン加熱OKです。

特徴 4
テーブルにそのまま出せるスタイリッシュなデザインと豊富なカラー

デザイン性が高いので、そのままテーブルに出して、テーブルウエアとしておもてなしを華やかに演出するのも◎。また、カラーバリエーションも豊富なので、料理やインテリアなどに合わせた色選びも楽しみのひとつ。

だからおいしい！STAUB

フランスの三ツ星シェフと共同開発。プロが愛用する調理器具だから、驚くほどおいしくできる

フランスのアルザス地方で創業したstaub（ストウブ）社が作る鋳物鍋は、当初はプロ用の鍋として考案され、レストランを中心に使用されてきましたが、現在では世界中の一般家庭でも愛用されています。1974年にフランス料理界の巨匠ポール・ボキューズ氏と共同開発して誕生したストウブの鍋。ジョエル・ロブションやアラン・デュカスなどのスターシェフや、ミシュランの星つき有名レストランのシェフ達を魅了してきた鍋だからこそ、いつもの料理をグンとおいしく仕上げることができるのです。本書で紹介している料理も、どれも作りやすく、とびきりおいしい料理ばかり。ぜひ、ストウブを使いこなして、料理の腕を上げてください。

2個目におすすめのストウブ

ラ・ココット de GOHAN
日本の食文化にマッチし、より使いやすい形の炊飯に特化した鍋。蓋裏に突起（システラ）があり、ピコと同様の役割を持つ。

ピコ・ココット オーバル
オーバル型はラウンド型と比べ、肉や魚、野菜などの食材を長いまま調理可能。テーブルのアクセントにも◎。

STAUBはこんな調理が得意

圧倒的な熱伝導性・保温性に優れ、食材本来のおいしさを引き出すストウブは、どんな調理が得意なのでしょうか。ストウブを使いこなす第一歩として、ストウブの特徴を理解するところから始めましょう。これだけで、料理の幅がグンと広がること間違いなしです。

1. 無水調理
（蒸し焼き&蒸し煮&直蒸し）

重い蓋を閉めると鍋の密閉性が高まるため、食材の持つ水分だけで蒸気が上がり、蓋裏の突起（ピコやシステラ）を伝って垂直に落ちることで対流します（無水調理）。食材本来の栄養や旨味を凝縮させて、極上の味わいに。

2. 煮る

熱伝導率が高いので、熱の伝わり方が早く、食材にムラなく火を通すことができます。保温性に優れ、蓄熱性も高いので、最低限の加熱時間で煮上げたり、加熱後放置して余熱で火を通すことも可能です。

3. 焼く

鍋の内側は、独自の黒マット・エマイユ加工が施され、ざらざらとした細かな凹凸が特徴。そのおかげで食材との接点が少なくなり、油なじみがよくなるため、焦げつきにくく、香ばしい焼き目をつけることができます。

4. ゆでる

ストウブでは、ゆでる（蒸す）のも無水調理。重い蓋で密閉して食材本来の水分を引き出し、その蒸気が蓋裏の突起（ピコやシステラ）を伝って水滴となり落下します。ゆで汁は少量で済むうえ、短時間で熱を通すことができます。

5. 揚げる

保温性や蓄熱性が高いので、加熱した油の温度が下がりにくく、温度を一定にキープしたまま揚げることができるので、初心者でも失敗なし。少量の油でも香ばしく、カリッと風味よくジューシーに揚げることができます。

6. 炊く

鍋の密閉性が高いので、香りや旨味を逃さず、かまど炊きのような仕上がりに。米の粒がふんわりとして、もっちり食感になります。鍋の内側が黒マット・エマイユ加工なので、米がこびりつきにくく、さっと洗い流せるのも便利です。

7. 燻す

燻製に不可欠なのは煙と香りを逃さないこと。ストウブなら、蓋がずっしりと重いので密閉性が高く、燻す調理に向いています。内側の黒マット・エマイユ加工で、ダメージを受けにくく、汚れもつきにくいのも特徴です。

基本の使い方のポイント

ストウブを使う際に、知っておきたい基本の使い方。次の5つのポイントを押さえておけば、だれでもストウブでおいしい料理が作れます。野菜、肉、魚介のおかずや、煮込み、ごはん料理など、本書のレシピで実践しながら、ポイントを理解しましょう。

1. 食材の下ごしらえはあらかじめ丁寧に

ストウブでの調理は、食材が持つ旨味を引き出すのが特徴。だからこそ、食材の下ごしらえはあらかじめ丁寧に行うのが◎。そこを飛ばしてしまうと、食材の雑味が残り、食材本来のおいしさが引き出されません。必ず「下ごしらえ」の工程は丁寧に行い、調味料などの準備を整えてから鍋で調理しましょう。

2. 鍋の大きさに対して材料は8割程度に

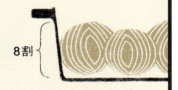

鍋の大きさに対して「材料は8割程度」が基本。材料を入れすぎると、吹きこぼれの原因になるだけでなく、味にムラが出やすくなります。本書ではピコ・ココット ラウンド 20cmをメインで使用しているので、22cm以上の鍋を使うときは同量で、18cm以下の鍋の場合は、分量を減らすなど調整を。

3. 調理中はむやみに蓋を開けていじらない

ずっしりと重い蓋と蓋裏の突起（ピコやシステラ）にも、おいしさの秘密があります。だからこそ、調理中にむやみに蓋を開けるのはNG。また、食材を頻繁に混ぜたり、ひっくり返したりするのも避けましょう。せっかく蓋裏についた、旨味の凝縮された蒸気を逃します。火加減さえきちんと守れば、焦げつく心配はありません。

4. 火加減は中火→弱火が基本

急激な温度変化は鍋へのダメージの原因になるので、少しずつ温度を上げていくのが◎。中火にかけて鍋が温まってきたら、弱火にして調理するのが基本。また、弱火で長時間煮込みたいときは、オーブン加熱を。鍋に材料を入れて、そのまま天板にのせてオーブンへ。火加減も気にせず、焦げる心配もありません。

5. 保温性に優れているので余熱調理が得意

保温性と蓄熱性に優れているので、余熱調理にも最適。特にかたまり肉などの食材の加熱しすぎを防ぐことができるうえ、じんわりと食材の芯まで火が通り、味がしみ込みます。おもてなしや、普段の食卓にそのままテーブルに出しても、保温性が高いので料理が冷めにくく、アツアツのまま食べられます。

この本の使い方

◎ 本書は、ストウブ社のピコ・ココット ラウンド 20cmを使用したレシピを基本としています。オーバルや違うサイズの鍋を使用したレシピもありますが、ピコ・ココット ラウンド 20cmでも作れます。

◎ 材料はピコ・ココット ラウンド 20cm1台（4〜6人分ぐらい）で作れる分量が基本です。

◎ 蒸し野菜や、それ以外の肉、魚介料理などで作りおきに向いている料理には、保存のことを記しています。冷蔵、冷凍保存期間の目安も記しているので参考にしてください。

◎ 計量単位は1カップ＝200ml、大さじ1＝15ml、小さじ1＝5ml、米1合＝180mlとしています。

◎「少々」は小さじ1/6未満、「適量」はちょうどよい量を入れること、「適宜」は好みで必要であれば入れることを示します。

◎ 本書で使用しているオーブンはガスオーブンです。電気オーブンを使用する場合は、火力が異なりますので、調整をしながら使ってください。加熱温度は10〜20℃高めに設定するといいでしょう。

◎ フライパンは、フッ素樹脂加工のものを使用しています。

パッとひと目でわかる加熱時間
鍋に入れてからの加熱時間を大きく表示。タイマーをかける目安にも。

材料と下ごしらえをひとまとめに
ストウブでの調理の基本は、下ごしらえを丁寧にすること。材料表と下ごしらえをまとめてあるので、本調理に入るまでの準備がしやすくなっています。

鍋に入れてからのわかりやすいプロセス
ストウブの鍋で調理する工程をわかりやすく写真つきで紹介しています。

火加減もひと目でわかる！
火加減を弱火、中火としてイラストで表示しています。細かい火加減はテキストを参照してください。

保存に向いているものは保存期間の目安をフォロー
蒸し野菜や蒸し鶏、手作りツナ、ポトフなど、まとめて作っておけるレシピには保存期間の目安を入れています。

ArrangeRecipeと食べ方アイデアでとことんおいしく食べる
多めに作っておけるレシピには、ArrangeRecipeや食べ方アイデアをご紹介。とことんおいしく食べ切るアイデアが満載です。

オーブンで加熱する場合はオーブンマークで設定温度をフォロー
オーブン加熱は、マークでわかりやすく。設定温度を表示しているので、その温度に予熱してから、鍋を入れて加熱してください。

いつもの野菜が
ごちそうに！

STAUBの
シンプル
野菜レシピ

STAUBのおいしさのヒミツ 1
どうして野菜はおいしくなるの？

ストウブで調理することで、グンとおいしくなると評判の野菜レシピ。
まずは、シンプルに蒸すだけでおいしくなる秘密を知りましょう。

しっかりと鍋を密閉して蒸気を外に逃がさないから、野菜の水分が旨味を引き出す

野菜がおいしくなる秘密は、ズバリ無水調理にアリ。ストウブなら、野菜本来の旨味が引き出され、甘味とコク、香りが生きた蒸し野菜が簡単に作れます。普通にゆでた野菜と食べ比べてみると、その違いは歴然。びっくりするほど味が濃く、そのおいしさに感動することでしょう。特にストウブの鍋の蓋はずっしりと重く、しっかりと鍋を密閉することができる優れモノ。野菜本来の水分を引き出した蒸気を外に逃さず、鍋の中で対流させながら加熱していくから、旨味や香りがじっくりと引き出され、おいしく仕上がるのです。野菜の種類によってコツが違うので、P13の蒸し方の工程を押さえ、アレンジレシピでおいしく食べ切るのがおすすめです。

野菜の蒸し方 HOW TO 1 ［基本：かぼちゃ／ブロッコリー／さつまいもなど］

10分加熱（かぼちゃの場合）

10分放置（かぼちゃの場合）

1 材料を入れる→野菜に水と塩をふる
鍋に野菜を重ならないように並べ、水と塩をふる。

2 蓋をして強めの中火→弱火
蓋をして強めの中火にかけ、沸騰したら弱火にして表示時間通り加熱。

3 そのまま放置→余熱で火を通す
加熱した後は、火を止めて、蓋をしたまま表示時間通り放置する。

野菜の蒸し方 HOW TO 2 ［酒蒸し：きのこなど］

3分加熱（きのこの場合）

揺すって2分加熱＋5分放置（きのこの場合）

1 材料を入れる→きのこに酒、水、塩をふる
石づきを落としてほぐしたきのこを鍋に入れ、酒、水、塩をふる。

2 蓋をして強めの中火→弱火
蓋をして強めの中火にかけ、沸騰したら弱火にして表示時間通り加熱。

3 取っ手と蓋を押さえて鍋全体を揺する
鍋全体を揺すり、さらに表示時間通り加熱し、蓋をしたまま放置する。

野菜の蒸し方 HOW TO 3 ［蒸し焼き：ズッキーニ／さやいんげんなど］

2分加熱（ズッキーニの場合）

揺すって1分加熱＋2分放置（ズッキーニの場合）

1 洗った野菜に塩とオリーブオイルをまぶす
さっと洗った野菜を鍋に入れ、塩とオリーブオイルをまぶす。

2 蓋をして強めの中火→弱火
蓋をして強めの中火にかけ、沸騰したら弱火にして表示時間通り加熱。

3 揺すって加熱＆そのまま放置→余熱で火を通す
鍋全体を揺すり、さらに表示時間通り加熱し、蓋をしたまま放置する。

野菜を蒸す **1** # 蒸し玉ねぎ

玉ねぎは丸ごとだと時間がかかるので、半分に切るのがおすすめです。
皮つきのままなら、焦げつきの防止になります。甘くてとろとろの食感を楽しんで。

加熱時間 **20**分

材料（作りやすい分量・20cmのSTAUB使用）	下ごしらえ
・玉ねぎ……3個（180g×3） ・塩……小さじ1/4	玉ねぎは皮を一枚むき、上下を切り落とし、縦半分に切る。

1 材料を入れる
鍋に玉ねぎを皮を下にして入れ、水大さじ2を回しかけ、塩をまんべんなくまぶす。

2 蓋をして強めの中火→弱火
蓋をして強めの中火にかけ、蒸気が出たら弱火にして15分ほど加熱する。

3 そのまま放置
火を止め、そのまま10分ほどおく。

保存のこと ［冷蔵 **5**日 ｜ 冷凍 **2**週間］

ザルに切り口を下にしておき、水けと粗熱を取り、皮をむく。ペーパータオルを敷いた保存容器に入れ、蓋をして冷蔵保存。冷凍保存のときは、冷凍用保存容器に重ならないように並べて冷凍し、完全に固まったら冷凍用保存袋に入れて密閉する。

Arrange Recipe

玉ねぎとナッツのチーズ焼き

材料（2人分）

蒸し玉ねぎ……1/2回分、ミックスナッツ……大さじ3、ピザ用チーズ……大さじ5、パン粉……大さじ1・1/2、パセリ（みじん切り）……少々、塩・こしょう……各少々、オリーブオイル……大さじ1/2

作り方

1. 蒸し玉ねぎは皮をむいて縦半分に切り、耐熱容器に入れる。砕いたミックスナッツ、パン粉大さじ1、パセリ、塩、こしょう、オリーブオイルを加えて混ぜる。
2. ピザ用チーズ、パン粉大さじ1/2をかけ、こしょうをふり、200℃に熱したオーブンで10分ほど焼く。

焼き玉ねぎのバルサミコソース

材料（2人分）

蒸し玉ねぎ……1/2回分、ベーコン……2枚、にんにく……1かけ、バルサミコ酢・しょうゆ……各大さじ1、こしょう……少々、バター……30g

作り方

1. ベーコン、にんにくは粗みじん切りにする。
2. フライパンにバター半量を熱し、1を中火で炒め、ベーコンの脂が出たら、バルサミコ酢を加えて煮立たせ、残りのバター、しょうゆを加えて煮詰める。
3. 皮をむいた蒸し玉ねぎを器に盛り、2をかけ、こしょうをふる。

15

野菜を蒸す **2** 蒸しブロッコリー

ブロッコリーは1個分をまとめて蒸しておくと、とても便利です。
保存しておけば、サラダや和え物、炒め物など、おいしく使い切ることができます。

加熱時間 **5**分

材料(作りやすい分量・20cmのSTAUB使用)
- ブロッコリー──1個(250g)
- 塩──小さじ1/3

下ごしらえ
ブロッコリーは大きさが均等になるように小房に分ける。

1 材料を入れる
ブロッコリーを洗い、水けを残したまま鍋に入れ、塩をまんべんなくまぶす。

2 蓋をして強めの中火→弱火
蓋をして強めの中火にかけ、蒸気が出たら弱火にして3分ほど加熱する。

3 ザルにあげて冷ます
ザルに房を下にしておき、冷ます。

保存のこと ［冷蔵 **4**日 ｜ 冷凍 **2**週間］
粗熱が取れたら、房の部分の水けを絞る。ペーパータオルを敷いた保存容器に入れ、蓋をして冷蔵保存。冷凍保存のときは、冷凍用保存容器に重ならないように並べて冷凍し、完全に固まったら冷凍用保存袋に入れて密閉する。

Arrange Recipe

ブロッコリーと干しえびの中華風炒め

材料(2人分)
蒸しブロッコリー──1/2回分、玉ねぎ──1/4個、干しえび──大さじ2、赤唐辛子──1本、酒──大さじ1、オイスターソース──大さじ1/2、塩・こしょう──各少々、サラダ油──大さじ1/2

作り方
1. 玉ねぎは1cm幅のくし形切りにする。干しえびは粗みじん切りにし、酒に浸して戻す。戻し汁はとっておく。
2. フライパンにサラダ油、赤唐辛子、干しえびを中火で熱し、玉ねぎを加えて炒め、まわりが透き通ったら、蒸しブロッコリーを加えて炒める。
3. 干しえびの戻し汁、オイスターソースを加えて炒め絡め、塩、こしょうで味をととのえる。

ブロッコリーとじゃこの和え物

材料(2人分)
蒸しブロッコリー──1/2回分、ちりめんじゃこ──大さじ2、しょうが──1/2かけ、長ねぎ──1/5本、白いりごま──大さじ1/2、塩──少々、ごま油──大さじ1/2

作り方
1. しょうがは針しょうがにし、長ねぎはみじん切りにする。
2. 耐熱ボウルにじゃことごま油を入れ、よく混ぜる。ふわっとラップをして電子レンジで30〜40秒加熱する。
3. 蒸しブロッコリー、1、ごまを加えてよく混ぜ、塩で味をととのえる。

野菜を蒸す3 **蒸しさつまいも**

蒸しただけでもおいしいですが、炒め物やスイーツなどにアレンジにするのも◎。
つぶしてポタージュやサラダにしたり、スイートポテトにもおすすめです。

加熱時間 **18**分

材料（作りやすい分量・20cmのSTAUB使用）
- さつまいも──2本（350g×2）
- 塩──小さじ1/4

下ごしらえ
さつまいもは上下を1.5cmずつ切り落とし、斜め半分に切る。

1 材料を入れる
鍋に切ったさつまいもをすぐに入れ、水大さじ3を回しかけ、塩をまんべんなくまぶす。（※切ってからすぐに蒸せばアク抜き不要）

2 蓋をして 強めの中火→弱火
蓋をして強めの中火にかけ、蒸気が出たら弱火にして15分ほど加熱する。

3 そのまま放置
火を止め、そのまま15分ほどおく。

保存のこと ［冷蔵 **4**日 ｜ 冷凍 **2**週間］
粗熱が取れたら、保存容器に入れ、蓋をして冷蔵保存。冷凍保存のときは、一口大の乱切りにし、冷凍用保存容器に重ならないように並べて冷凍し、完全に固まったら冷凍用保存袋に入れて密閉する。

Arrange Recipe

さつまいもとくるみのシナモンバター

材料（2人分）
蒸しさつまいも──1/2回分、くるみ──大さじ3、シナモンパウダー──小さじ1/3、メイプルシロップ──大さじ2、塩──少々、バター──20g

作り方
1. 蒸しさつまいもは一口大の乱切りにする。
2. フライパンにバターを中火で熱し、1とくるみを入れ、さつまいもに焼き色がつくまで焼く。
3. シナモンパウダー、メイプルシロップを加え、水分を飛ばすように炒め、塩を加えてさらに炒める。お好みでシナモンパウダー少々（分量外）をかける。

さつまいもとベーコンのスパイシー炒め

材料（2人分）
蒸しさつまいも──1/2回分、ベーコン──2枚、にんにく──1かけ、赤唐辛子（種を取り除く）──1本、塩・こしょう──各少々、オリーブオイル──大さじ1

作り方
1. 蒸しさつまいもは一口大の乱切りにする。にんにくは芽を取り除き、叩いてつぶす。ベーコンは4等分に切る。
2. フライパンにオリーブオイル、にんにく、赤唐辛子を中火で熱し、ベーコンを加えてカリッとするまで炒める。
3. 蒸しさつまいもを加え、焼き色がつくまで炒め、塩、こしょうで味をととのえる。

野菜を蒸す 4 **蒸しかぼちゃ**

塩をまぶすことでかぼちゃの旨味と甘味がグンと引き立ちます。皮目を下にして蒸せば、煮崩れ防止に。つぶしてポタージュやニョッキにも使えます。

加熱時間 **13**分

材料(作りやすい分量・20cmのSTAUB使用)	下ごしらえ
・かぼちゃ──1/4個(正味400g) ・塩──小さじ1/4	かぼちゃは種とワタを取り除き、12等分の乱切りにする。

1 材料を入れる
鍋にかぼちゃを皮目を下に入れ、水大さじ2を回しかけ、塩をまんべんなくまぶす。

2 蓋をして強めの中火→弱火
蓋をして強めの中火にかけ、蒸気が出たら弱火にして10分ほど加熱する。

3 そのまま放置
火を止め、そのまま5分ほどおく。

保存のこと ［冷蔵 **4** 日 | 冷凍 **2** 週間］
粗熱が取れたら、皮目を下にして重ならないように保存容器に入れ、蓋をして冷蔵保存。冷凍保存のときは、冷凍用保存容器に重ならないように並べて冷凍し、完全に固まったら冷凍用保存袋に入れて密閉する。

Arrange Recipe

かぼちゃのそぼろあんかけ

材料(2人分)
蒸しかぼちゃ──1/2回分、鶏ももひき肉──80g、しいたけ──1枚、水溶き片栗粉(片栗粉小さじ2/3＋水大さじ1/2)、サラダ油──小さじ1、**A**［しょうゆ・酒各──大さじ1/2、砂糖・みりん各──小さじ1、しょうが(すりおろし)──小さじ1/2、和風だし──100ml］

作り方
1. しいたけは粗みじん切りにする。
2. 鍋にサラダ油を熱し、ひき肉を中火で炒め、**1**を加えてさらに炒める。**A**を加え、沸騰したら水溶き片栗粉を加え、とろみをつける。
3. 器に蒸しかぼちゃを盛り、**2**をかける。

かぼちゃと大豆の和風クリームサラダ

材料(2人分)
蒸しかぼちゃ──1/2回分、ゆで大豆(P30)──50g、万能ねぎ(小口切り)──3本分、**A**［マヨネーズ大さじ1・1/2、生クリーム(コーヒークリームでも可)・ポン酢しょうゆ──各大さじ1］

作り方
1. 耐熱ボウルに大豆を入れ、ふわっとラップをして電子レンジで40～50秒加熱する。
2. 蒸しかぼちゃを加え、粗く崩しながら、万能ねぎ、よく混ぜた**A**を加えて混ぜる。

野菜を蒸す **5** # きのこの酒蒸し

きのこは数種類を組み合わせると、いろいろな香りと旨味が楽しめます。
和え物はもちろん、パスタやキッシュ、マリネにアレンジしても◎。

加熱時間 **7**分

材料(作りやすい分量・20cmのSTAUB使用)
- しめじ——100g
- エリンギ——100g
- しいたけ——100g
- 塩——小さじ1/3
- 酒——大さじ1

下ごしらえ
しめじは石づきを落として大きめにほぐす。エリンギは大きければ横半分に切り、縦4等分する。しいたけは石づきを落として半分に切る。

1 材料を入れる
鍋にきのこを入れ、酒、水大さじ2を回しかけ、塩をまぶす。

2 蓋をして 強めの中火→弱火
蓋をして強めの中火にかけ、蒸気が出たら弱火にして3分ほど加熱する。

3 鍋を揺する→そのまま放置
鍋を揺すり、さらに2分ほど加熱して揺すり、火を止めてそのまま5分ほどおく。
(※鍋つかみなどで取っ手と蓋を押さえ、中の上下を入れ替えるような感じで揺する)

保存のこと [冷蔵 **4**日 | 冷凍 **2**週間]
粗熱が取れたら、煮汁ごと保存容器に入れ、蓋をして冷蔵保存。冷凍保存のときは、冷凍用保存容器に平らに入れて冷凍し、完全に固まったら使いやすい大きさに割り、冷凍用保存袋に入れて密閉する。

Arrange Recipe

きのこと長ねぎのフラン

材料(4人分)
きのこの酒蒸し——1/2回分、長ねぎ(みじん切り)——1/4本分、A[卵2個、生クリーム・牛乳——各100ml、顆粒ブイヨン——小さじ1/2、ナツメグ——少々]、B[きのこの蒸し汁+水——大さじ4、片栗粉——小さじ1/3、塩——少々]、バター——少々

作り方
1. Aをよく混ぜ、電子レンジで50秒加熱した長ねぎ、きのこの酒蒸しを加えて混ぜ、バターを塗った耐熱容器に入れる。
2. 鍋に布巾を敷いて1を入れ、熱湯を容器の半分まで注いで中火にかけ、沸騰したら蓋をして弱火で20～25分蒸す。
3. 耐熱ボウルにBを入れて混ぜ、電子レンジで30秒加熱してかき混ぜる。もう一度繰り返し、2にかける。

厚揚げのきのこあんかけ

材料(2人分)
きのこの酒蒸し——1/2回分、厚揚げ——1枚、塩・和山椒——各少々、A[和風だし——100ml、薄口しょうゆ・みりん——各大さじ1/2、しょうが(すりおろし)——小さじ1/2、片栗粉——小さじ2/3]

作り方
1. 厚揚げはペーパータオルで余分な水けをしっかり取る。塩、和山椒をかけ、グリルの弱火でカリッと焦げ目がつくまで焼き、食べやすい大きさに切り、器に盛る。
2. 鍋にA、きのこの酒蒸しを入れ、よくかき混ぜて中火で加熱し、とろみがついたら1にかける。

野菜を蒸す **6** # ズッキーニの蒸し焼き

油との相性がいいズッキーニは、オリーブオイルと塩でシンプルに味つけ。
淡白な味わいなので、サラダやつけ合わせとして、さまざまな料理によく合います。

加熱時間 **5**分

材料（作りやすい分量・20cmのSTAUB使用）
- ズッキーニ……2本（正味400g）
- 塩……小さじ1/3 ・オリーブオイル……大さじ1

下ごしらえ
ズッキーニは上下を5mmほど切り落とし、1.5cm幅の輪切りにする。

1. 材料を入れる
鍋にさっと洗ったズッキーニを入れ、塩とオリーブオイルをまぶし、よく混ぜる。

2. 蓋をして強めの中火→弱火
蓋をして強めの中火にかけ、蒸気が出たら弱火にして2分ほど加熱する。

3. 鍋を揺する→そのまま放置
鍋を揺すり、さらに1分ほど加熱し、火を止めてそのまま2分ほどおく。

保存のこと ［冷蔵 **3**日 ｜ 冷凍 **2**週間］
粗熱が取れたら、保存容器に入れ、蓋をして冷蔵保存。冷凍保存のときは、冷凍用保存容器に重ならないように並べて冷凍し、完全に固まったら冷凍用保存袋に入れて密閉する。

Arrange Recipe
ズッキーニとえびのレモンサラダ

材料（2人分）

ズッキーニの蒸し焼き……1/2回分、ズッキーニの蒸し汁……適量、ゆでえび……100g、レモン……1/2個、ミントの葉……適量、塩・こしょう……各少々、オリーブオイル……小さじ1

作り方

1. えびはレモンの皮のすりおろし、塩、こしょう、オリーブオイルで下味をつける。
2. ボウルにズッキーニの蒸し焼き、ズッキーニの蒸し汁、1、ミント、塩、こしょうを入れ、レモンを搾り、よく混ぜる。

野菜を蒸す **7** # 蒸しとうもろこし

皮は焦げつき防止＆旨味を閉じ込めるために少し残しておきましょう。
このまま食べてもおいしいですが、しょうゆを塗って焼きとうもろこしにしても絶品です。

加熱時間 **10**分

材料（作りやすい分量・23cmのオーバル使用）
・とうもろこし……2本　・塩……小さじ1/3

下ごしらえ
とうもろこしはきれいな皮を2枚ほど残し、実が1/3くらい見えるように皮をむき、上下を切り落とす（20cmのSTAUBの場合は、半分に切る）。

1. 材料を入れる
鍋にさっと洗ったとうもろこしを皮を下にして交互に入れ、塩をまぶし、底に水大さじ3を入れる。

2. 蓋をして強めの中火→弱火
蓋をして強めの中火にかけ、蒸気が出たら弱火にして7分ほど加熱する。

3. そのまま放置
火を止め、そのまま10分ほどおく。

保存のこと［冷蔵 **3**日 ｜ 冷凍 **2**週間］
粗熱が取れたら、皮をむく。保存容器に入れ、蓋をして冷蔵保存（輪切りにしても◎）。冷凍保存のときは、1本ずつラップをし、冷凍用保存袋に入れて密閉する。または、長さを半分に切り、実をそいで冷凍保存容器に重ならないように並べて冷凍し、完全に固まったら冷凍用保存袋に入れて密閉する。

Arrange Recipe
とうもろこしとピーマンのサラダ

材料（2人分）
蒸しとうもろこし……1/2回分、ピーマン……1個、レモン（薄切り）……2枚、カッテージチーズ……大さじ3、A［レモンの搾り汁 大さじ1〜1・1/2、オリーブオイル 大さじ1、クミンシード 小さじ1/2、塩・こしょう 各適量］、イタリアンパセリ（ざく切り）……適宜

作り方
1. 蒸しとうもろこしは包丁で実をそぎ落とす。ピーマンは7mm角に切る。レモンは放射状に8等分に切る。
2. ボウルに1、Aを入れ、よく混ぜる。
3. ざっくりほぐしたカッテージチーズを加えて混ぜる。お好みでイタリアンパセリを散らす。

25

野菜を蒸す **8** ## 蒸し枝豆

ゆでるイメージが強い枝豆ですが、ストウブで蒸すのもおすすめです。
味が濃く、豆の甘味が引き立ちます。ピリ辛味やガーリック風味にしても◎

加熱時間 **6** 分

材料（作りやすい分量・20cmのSTAUB使用）
- 枝豆……250g
- 塩……小さじ1

下ごしらえ
枝豆は鍋の中で水洗いし、軽く水けをきる。

1. 塩をまぶす
塩をまぶし、こすり合わせるようにもむ。
2. 蓋をして強めの中火→弱火
蓋をして強めの中火にかけ、蒸気が出たら弱火にして4分ほど加熱する。
3. 鍋を揺する→そのまま放置
鍋を揺すり、火を止めてそのまま5分ほどおく。

保存のこと ［冷蔵 **3** 日｜冷凍 **2** 週間］
ザルの上で水けと粗熱を取る。保存容器に入れ、蓋をして冷蔵保存。冷凍保存のときは、枝がついていたらキッチンばさみで切り落とし、冷凍用保存袋に入れて密閉する。

Arrange Recipe
枝豆のホットソース和え

材料（2人分）

蒸し枝豆……1/2回分、**A**［豆板醤……小さじ1、にんにく（すりおろし）……小さじ1/2、みそ・ごま油……各大さじ1/2］

作り方
1. フライパンに**A**を入れて中火で炒め、蒸し枝豆を加えて全体を絡めるように炒め、火を止める。

野菜を蒸す❾ **いんげんの蒸し焼き**

いんげんは油との相性がいいので、オリーブオイルと塩でシンプルに蒸し焼きにします。サラダや炒め物、ソテーのつけ合わせなど、幅広く使えて便利です。

加熱時間 **6**分

材料(作りやすい分量・23cmのオーバル使用)
- さやいんげん——300g
- 塩——小さじ1/3
- オリーブオイル——大さじ1

下ごしらえ
いんげんはヘタを切り落とし、太い場合は筋を取る。

1. 材料を入れる
いんげんをさっと洗い、水けを残したまま鍋に入れ、塩とオリーブオイルをまぶす。

2. 蓋をして強めの中火→鍋を揺すり弱火
蓋をして強めの中火にかけ、蒸気が出たら鍋を揺すり、弱火にして2分ほど加熱する。

3. さらに鍋を揺する→そのまま放置
さらに揺すり、2分ほど加熱してさらに揺すり、火を止めてそのまま2分ほどおき、よく混ぜる。

保存のこと [冷蔵 **4**日 | 冷凍 **2**週間]
粗熱が取れたら、保存容器に入れ、蓋をして冷蔵保存。冷凍保存のときは、冷凍用保存容器に重ならないよう並べて冷凍し、完全に固まったら冷凍用保存袋に入れて密閉する(食べやすい長さに切っても◎)。

Arrange Recipe
いんげんと生ハムのサラダ

材料(2人分)
いんげんの蒸し焼き——1/2回分、生ハム——4枚、温泉卵(あればポーチドエッグ)——1個、**A**[米酢(あればワインビネガー)——大さじ2、はちみつ——大さじ1、塩——小さじ1/3]、オリーブオイル——小さじ1、こしょう——少々

作り方
1. 耐熱ボウルに**A**を入れてよく混ぜ、ラップをせずに電子レンジで1~2分加熱し、半量になるまで煮詰める。
2. 器にいんげんの蒸し焼きを盛り、生ハムと温泉卵をのせ、1とオリーブオイルをかけ、こしょうをしっかりふる。

野菜を蒸す **10 ゴロゴロ野菜の蒸し焼き**

根菜と長ねぎの旨味がたっぷり味わえるゴロゴロ野菜のロースト。
カレーやシチュー、みそ汁にアレンジ。できたてはポン酢しょうゆで食べても◎。

加熱時間 **8**分

材料（作りやすい分量・20cmのSTAUB使用）
- じゃがいも―2個（200g）
- にんじん―1本（100g）
- れんこん―3cm（100g）
- ごぼう―1/2本（100g）
- 長ねぎ―1本
- 塩―小さじ1/2
- オリーブオイル―大さじ1

下ごしらえ
じゃがいも、にんじんは一口大の乱切りにする。れんこん、ごぼうは一口大の乱切りにし、水にさらしてアク抜きする。長ねぎは3cm幅に切る。

1 材料を入れる
野菜をさっと洗い、水けを残したまま鍋に入れ、塩とオリーブオイルをまぶす。

2 蓋をして強めの中火 →鍋を揺すり弱火
蓋をして強めの中火にかけ、蒸気が出たら鍋を揺すり、弱火にして5分ほど加熱する。

3 さらに鍋を揺する →そのまま放置
さらに揺すり、火を止めてそのまま10分ほどおく。

保存のこと ［冷蔵 **4**日 ｜ 冷凍 **2**週間］
粗熱が取れたら、保存容器に入れ、蓋をして冷蔵保存。冷凍保存のときは、冷凍用保存容器に重ならないように並べて冷凍し、完全に固まったら冷凍用保存袋に入れて密閉する。

Arrange Recipe

ゴロゴロ野菜のスープカレー

材料（2人分・20cmのSTAUB使用）
ゴロゴロ野菜の蒸し焼き―1/2回分、鶏もも肉（一口大）―1枚分、A［炒め玉ねぎ―1個分、にんにく・しょうが（各すりおろし）―各大さじ1、カレー粉―大さじ1・1/2］、小麦粉―大さじ1/2、B［固形ブイヨン―1個、ローリエ―1枚、水―400ml］ガラムマサラ―大さじ1/2、塩・こしょう―各適量、サラダ油―大さじ1/2、バター―20g

作り方
1. 鍋にサラダ油を熱し、鶏肉を皮目から両面焼いて取り出し、A、ゴロゴロ野菜の蒸し焼きを炒め、小麦粉をふり炒める。
2. 鶏肉を戻し、B、塩小さじ1/3を加え、蓋をして中火で5分ほど煮る。ガラムマサラを加え、塩、こしょうで味をととのえ、バターを加える。あればパセリとレモンを飾る。

根菜と鮭の和風シチュー

材料（2人分・20cmのSTAUB使用）
ゴロゴロ野菜の蒸し焼き―1/2回分、サーモン（切り身）―2切れ、和風だし―150ml、牛乳―200ml、小麦粉―大さじ1・1/2、みそ大さじ1、塩・こしょう―各適量、バター―30g、万能ねぎ（小口切り）―適宜

作り方
1. 鍋にバターの半量を中火で熱し、一口大に切ったサーモンを両面焼き、取り出す。ゴロゴロ野菜の蒸し焼きを加え、小麦粉をふり炒める。
2. サーモンを戻し、和風だしと牛乳を加え、とろみがつくまで煮詰める。みそを溶き、塩、こしょうで味をととのえ、残りのバターを加えて火を止める。お好みで万能ねぎを散らす。

STAUBで作る豆料理

食材本来の味を引き出すストウブは、豆をゆでるのにもおすすめです。市販の水煮の豆よりも味が濃く、格別においしく仕上がります。栄養たっぷりの煮汁は、スープや煮物の水分として活用しましょう。

加熱時間 **35**分

ゆで大豆

材料（作りやすい分量・20cmのSTAUB使用）
- 大豆……1カップ
- 水……3カップ

下ごしらえ
大豆は水を3回替えながら洗い、ザルにあげて水けをきる。

1 豆を水に浸して一晩おく
鍋に大豆を入れ、3倍の水を加え、一晩おく。

2 アクを取りながら加熱する
豆が2倍の大きさになったら強めの中火にかけ、沸騰直前までアクを取りながら加熱する。

3 蓋をして弱火でゆでる
蓋をして弱火で30分ほどゆでる。火を止め、そのまま完全に冷めるまでおく。

保存のこと ［冷蔵 **5**日 ｜ 冷凍 **1**ヵ月］

粗熱が取れたら、煮汁ごと保存容器に入れ、蓋をして冷蔵保存。冷凍保存のときは、ザルにあげ、水けをしっかりきり、冷凍保存袋に入れて密閉し、平らにしてトレイの上で冷凍する。

加熱時間 **30**分

ゆでひよこ豆

材料(作りやすい分量・20cmのSTAUB使用)
- ひよこ豆……1カップ
- 水……3カップ

下ごしらえ
ひよこ豆は水を3回替えながら洗い、ザルにあげて水けをきる。

1 豆を水に浸して一晩おく
鍋にひよこ豆を入れ、3倍の水を加え、一晩おく。

2 アクを取りながら加熱する
豆が2倍の大きさになったら強めの中火にかけ、沸騰直前までアクを取りながら加熱する。

3 蓋をして弱火でゆでる
蓋をして弱火で25分ほどゆでる。火を止め、そのまま完全に冷めるまでおく。

保存のこと ［冷蔵 **5**日｜冷凍 **1**ヵ月］

粗熱が取れたら、煮汁ごと保存容器に入れ、蓋をして冷蔵保存。冷凍保存のときは、ザルにあげ、水けをしっかりきり、冷凍保存袋に入れて密閉し、平らにしてトレイの上で冷凍する。

加熱時間 **10**分

大豆と香味野菜のポタージュ

材料（4人分・20cmのSTAUB使用）

ゆで大豆（P30）……1カップ、セロリ・長ねぎ（各薄い斜め切り）……各1/3本分、しょうが（すりおろし）……小さじ1、牛乳……200〜300ml、バター……30g、塩・こしょう……各適量、〈香味野菜〉みょうが・青じそ・万能ねぎ……各適宜

作り方

1. 鍋にバターを熱し、セロリと長ねぎを焦がさないように中火で炒め、ゆで大豆を加えてバターが全体に回ったら、ひたひたの水（またはゆで汁）、しょうが、塩小さじ1/2を加え、5〜6分煮る。
2. 1の粗熱が取れたらミキサーにかけ、なめらかに撹拌する。
3. 2を鍋に戻し入れ、牛乳を好みのとろみになるまで加え、中火で沸騰直前まで温め、塩、こしょうで味をととのえる。器に盛り、刻んだ香味野菜をのせる。

加熱時間 **23**分

五目煮豆

材料（4人分・20cmのSTAUB使用）

ゆで大豆（P30）……1カップ、にんじん……1/2本、こんにゃく……1/2枚、昆布……5cm四方1枚、ごぼう……1/4本、砂糖……大さじ1、和風だし……300〜400ml、A［薄口しょうゆ……大さじ1・1/2、酒・みりん……各大さじ1］

作り方

1. にんじん、こんにゃくは7mm角に切り、ごぼうは皮をよく洗い、にんじんと大きさを合わせるように切る。昆布は和風だしに浸して戻し、7mm四方に切る。
2. 鍋に1、ゆで大豆、和風だしを入れ、強めの中火にかける。沸騰したら砂糖を加え、落とし蓋をしてから蓋をし、中火で5分ほど煮る。
3. Aを加え、落とし蓋をしてから蓋をし、弱めの中火で15分ほど煮込む。火を止め、そのまま粗熱が取れるまでおく。

加熱時間 **19**分

ひよこ豆の メープル煮

材料（4人分・20cmのSTAUB使用）

ゆでひよこ豆（P31）……1・1/2カップ、メイプルシロップ……50ml、白ワイン……大さじ2、シナモンスティック……1本、しょうゆ……小さじ1、塩……少々

作り方

1. 鍋にゆでひよこ豆、白ワイン、メイプルシロップ、シナモンスティック、ひたひたの水を入れる。強めの中火にかけ、沸騰直前に落とし蓋をしてから蓋をし、弱めの中火で15分ほど煮る。
2. しょうゆを加え、水分を飛ばすように煮詰め、塩で味をととのえる。

加熱時間 **25**分

レンズ豆と ベーコンの煮込み

材料（2人分・20cmのSTAUB使用）

レンズ豆（乾燥）……2/3カップ、ベーコン（ブロック）……80g、にんにく……2かけ、クミンシード……小さじ1/2、ローリエ……1枚、塩・こしょう……各適量、オリーブオイル……大さじ1・1/2

作り方

1. レンズ豆は水を3回替えながらよく洗い、ザルにあげて水けをきる。にんにくは芽を取り除き、叩いてつぶす。ベーコンは1cm幅に切る。
2. 鍋にオリーブオイル大さじ1、クミンシードを中火で熱し、香りが出たらベーコンを加えて炒め、焼き色がついたらレンズ豆を加え、さらに炒める。
3. ひたひたの水、ローリエ、塩小さじ1/3を加え、沸騰したら落とし蓋をしてから蓋をし、弱火で20分ほど煮る。
4. 塩、こしょうで味をととのえ、残りのオリーブオイルを回しかけてざっくり混ぜる。

教えて！STAUB こんなとき、どうする？［1］

Q
ストウブで調理するときは
どんなヘラや
おたまなどを使うのが
いいでしょうか？

A
ストウブは、炒めて煮込む、焼いて煮込むなどの合わせ技が得意分野。鍋の内側は、ガラス質のエナメルを溶かしたもので加工されているため（黒マット・エマイユ加工）、油なじみがよくなり、それらの合わせ技が可能になります。その表面を傷つけないように、ヘラは木製か耐熱性の樹脂やシリコンのものがおすすめ。おたまもできるだけ金属製は避け、耐熱性の樹脂やシリコンのものを選びましょう。表面が傷つくと焦げつきやすくなるので、要注意です。

Q
22cmのピコ・ココットを
持っているのですが、
この本のレシピでも
作れますか？

A
この本のレシピは、20cmのピコ・ココット ラウンドをメインに使用しています。はじめてストウブを購入するなら20cmのものがおすすめですが、すでにストウブをお持ちの人もいるでしょう。それが22cmの場合は、16cmを指定しているお菓子以外であれば、この本のレシピでおいしく作れます。また、オーバル型など形が違っても、材料と調味料はそのままで問題ありません。また、24cmや26cmのピコ・ココットで倍量作りたいときは、材料も調味料も2倍にして作ってください。

Q
野菜を蒸すときは、
無水調理かと思いますが、
すべての野菜に当て
はまりますか？

A
無水調理といえば、水分は一切使わないと思いがちですが、最小限度の水分はあった方が失敗がないと思います。ブロッコリーや小松菜など葉物野菜を洗ったときは、水けをきらずにそのまま鍋に入れてください。また、いも、玉ねぎ、かぼちゃなどの水分の含有量が少ない野菜は、蒸気に必要な最小限度の水分を加えましょう。大体の目安として20cmのピコ・ココット ラウンドで水分の少ない野菜を蒸す場合は大さじ2〜3の水を、きのこの場合は大さじ1の酒と大さじ2の水が目安です。蒸し焼きの場合は、水分は加えなくても大丈夫です。

しっとり、やわらか
旨味たっぷり！

STAUB
の
肉料理

STAUBのおいしさのヒミツ **2**

どうして肉はおいしくなるの？

普通の鍋で作る肉料理より、断然おいしいのがストウブで作る肉料理。
かたくなりがちな肉料理がしっとりやわらかく仕上がる秘密を探りましょう。

肉にゆっくりと熱が伝わり肉本来の味を引き出すからとろとろ、ふっくら！

熱伝導性と保温性に優れているストウブの鍋で肉料理を作ると、肉にゆっくりと熱が伝わり、高温にならない状態で加熱できるうえ、加熱時間も短くて済むので、肉汁を保持したまましっとりやわらかい仕上がりに。ただし、すね肉やバラ肉などのかたい肉は、加熱時間が短いとかたいままでおいしくないので、長時間加熱するのがポイント。調味液と一緒にやわらかく加熱されるので、味のしみ込みもよく、ホロホロのやわらかさとコクたっぷりのおいしさを味わえます。また、ローストビーフなどの加熱しすぎたくない調理もストウブの得意分野。焼き目をつけた後、蓋をして10分ほど加熱してから余熱で火を通せば、極上の仕上がりに。

肉の調理 | おいしくなるコツ

1

野菜を下に敷き詰め、上に肉をのせる

鍋底に野菜を敷き詰め、その上に肉を並べるのがコツ。肉を焦がさずに加熱でき、野菜にも旨味が移る。

2

かたまり肉は全面に焼き色をつけてから煮込む

かたまり肉を調理するときは、全面に焼き色をしっかりつけて、旨味を閉じ込めるのがおいしさの秘訣。

3

肉は蓋をして加熱したら、一度ひっくり返す

材料を加えたら蓋をして加熱する料理は、必ず途中で一度ひっくり返すこと。これで加熱ムラを防ぐ。

鶏肉のおかず 1 ## 蒸し鶏

鶏肉の旨味をたっぷり引き出した蒸し鶏は、蒸し汁もおいしくいただけます。
短時間でもしっとり、やわらか、ジューシーに。お好みで鶏むね肉で作っても◎。

加熱時間 **5**分

材料（作りやすい分量・20cmのSTAUB使用）
- 鶏もも肉……2枚
- 酒……大さじ2
- 塩・こしょう……各適量
- 長ねぎの青い部分……1本分
- しょうがの皮……1かけ分
- にんにく……1かけ

下ごしらえ
1. 鶏肉はペーパータオルで包み、余分な水けを取り、平らになるように包丁で切り目を入れながら広げ、塩、こしょうをふる。
2. にんにくは芽を取り除き、叩いてつぶす。

1 鶏肉を入れる
鍋に縦半分に切った長ねぎの青い部分を敷き、鶏肉を皮目を上にしてのせる。

2 酒と水を回しかける
しょうがの皮、にんにくをのせ、酒と水大さじ1を回しかける。（※水を少し加えることでだしが多めに出るようにし、蒸し汁を他の料理やソース、ドレッシングに使う）

3 蓋をして強めの中火→弱火
蓋をして強めの中火にかけ、蒸気が出たら弱火にして3分ほど加熱し、火を止めてそのまま5分ほどおく。

保存のこと ［冷蔵 **4**日｜冷凍 **2**週間］
粗熱が取れたら、煮汁ごと保存容器に入れ、蓋をして冷蔵保存。冷凍保存するときは、汁けをきり、1枚ずつラップをし、冷凍保存袋に入れて密閉し、平らにしてトレイの上で冷凍する。

Arrange Recipe
蒸し鶏とまいたけの棒々鶏（バンバンジー）

材料（2人分）
蒸し鶏……1枚、まいたけ……1パック、蒸し鶏の煮汁……大さじ2～3、
A［ごま油・白いりごま……各大さじ1/2、長ねぎ（みじん切り）……1/4本分、塩・こしょう……各適量（煮汁の塩分による）］

作り方
1. 耐熱ボウルにまいたけをほぐして入れ、蒸し鶏の煮汁を回しかけ、ふわっとラップをして電子レンジで3分加熱し、そのまま3分ほどおく。
2. 器に7mm幅に切った蒸し鶏を盛り、1のまいたけをのせ、Aと1の煮汁大さじ1～2をよく混ぜてかける。

鶏肉のおかず **2** # 洋風いり鶏

トマトをベースに、彩り鮮やかな野菜をたっぷり使ったピリ辛の洋風いり鶏。
鶏肉は皮目にしっかり焼き色がつき、カリッとなるまで動かさないことがポイントです。

加熱時間 **20**分

材料（2人分・20cmのSTAUB使用）

- 鶏もも肉……1枚
- ズッキーニ……1本
- パプリカ（赤・黄）……各1/2個
- 玉ねぎ……1/4個
- セロリ……1/4本
- にんにく……2かけ
- トマトホール缶……1缶
- 白ワイン……大さじ2
- 赤唐辛子（種を取り除く）……1本
- ローリエ……1枚
- 塩・こしょう……各適量
- オリーブオイル……大さじ1

下ごしらえ

1. 鶏肉は包丁で切り目を入れながら厚みを均一にし、一口大に切り、余分な脂を取り除く。ペーパータオルで包んで余分な水けを取る。
2. ズッキーニは端を切り落とし、長さを3等分に切り、縦4等分に切る。パプリカはヘタと種を取り除き、一口大の乱切りにする。セロリ、玉ねぎは粗みじん切りにする。にんにくは芽を取り除き、叩いてつぶす。

1. 鶏肉を皮目から焼く
鍋にオリーブオイル、にんにく、赤唐辛子を強めの中火で熱し、香りが出たら鶏肉を皮目を下にして入れ、しっかり焼き目がついたらひっくり返す。
（※にんにく、赤唐辛子は焦げやすいので、鶏肉の上におきながら焼く）

2. 玉ねぎ、セロリを炒める
玉ねぎ、セロリを加え、透き通るまで炒める。

3. ズッキーニ、パプリカを炒める
ズッキーニ、パプリカを加えてさらに炒め、白ワインを加えて煮立たせる。

4. トマト缶、塩、ローリエを加える
トマト缶、塩小さじ1/2、ローリエを加える。

5. 蓋をして弱火で煮る
蓋をして弱火で15分ほど煮る。

6. かき混ぜる
蓋を取り、中火でゆっくりかき混ぜ、塩、こしょうで味をととのえる。
（※ゆっくりかき混ぜながら水分調整をして濃度をつける）

食べ方アイデア　チキンのトマトパスタ

材料と作り方（1人分）……パスタ80gを袋の表示通りにゆで、オリーブオイル大さじ1/2、塩・こしょう各少々で下味をつける。温めた洋風いり鶏適量をかけ、お好みでみじん切りにしたパセリ・粉チーズ各適宜をかける。

鶏肉のおかず3 # タイ風焼き鳥（ガイヤーン）

加熱時間 **13**分

ナンプラーベースのタレに漬け込み、皮目をパリッと焼いたタイ風の焼き鳥。
鶏肉の旨味とバジルの風味が口いっぱいに広がります。

材料（2～3人分・20cmのSTAUB使用）

- 鶏もも肉……2枚
- **A**
  - ナンプラー……大さじ1
  - にんにく・しょうが（各すりおろし）……各小さじ2
- ドライバジル……小さじ1
- サラダ油……大さじ2
- **B**
  - パクチーの茎（粗みじん切り）・ガイヤーンの焼き汁・スイートチリソース……各大さじ2
  - ナンプラー・レモン汁……各大さじ1
- バジル……適宜

下ごしらえ

1. 鶏肉はペーパータオルで包んで水けをしっかり取り、包丁で切り目を入れながら厚みを均一にし、包丁の先で皮目を数カ所刺す。
2. 保存袋に**A**と鶏肉を入れて30秒ほどもみ込み、常温で15分ほど漬け込み、ペーパータオルで包んで余分な汁けを取り、ドライバジルをまぶす。

1 鶏肉を皮目から焼く
鍋にサラダ油を中火で熱し、鶏肉を皮目を下にして入れ、焼き色がしっかりついたらひっくり返す。

2 蓋をして弱火で焼く
蓋をして弱火で10分ほど焼き、火を止めてそのまま5分ほどおく。

3 ソースを添える
食べやすい大きさに切って器に盛り、よく混ぜた**B**を添える。お好みでバジルをのせる。

鶏肉のおかず 4 **タンドリーチキン**

加熱時間 **13**分

手羽先をタレに漬け込んでストウブで焼くだけの簡単メニューです。
タレにケチャップとウスターソースを加えることでコクのある味わいに。

材料（2〜3人分・20cmのSTAUB使用）

- 鶏手羽先……8本
- 塩・こしょう……各適量
- A
  - プレーンヨーグルト（水きり、またはギリシャヨーグルト）……大さじ4
  - トマトケチャップ……大さじ2
  - カレー粉・ウスターソース……各大さじ1
  - しょうが・にんにく（各すりおろし）……各小さじ1
- サラダ油……大さじ1・1/2
- チリパウダー……適宜

下ごしらえ

1. 手羽先は先を切り落とし、裏側にキッチンばさみで切り込みを入れ、ペーパータオルで包んで余分な水けを取り、塩、こしょうをしっかりなじませる。
2. 保存袋によく混ぜたA、1を入れてよくもみ込み、常温で30分ほど漬け込む。

1 手羽先を皮目から焼く

鍋にサラダ油を中火で熱し、手羽先を絡んだタレごと皮目を下にして入れ、焼き色がつくまで焼く。

2 蓋をして弱火で焼く

蓋をして弱火で5分ほど加熱し、ひっくり返してさらに蓋をし、5分ほど加熱する。火を止め、そのまま粗熱が取れるまでおく。お好みでチリパウダーをふる。

豚肉のおかず 1 **焼き豚**

特別な材料を使わなくても作れる、簡単でおいしい極上の焼き豚。
煮詰めた漬け汁は、チャーハンや焼きそば、焼きうどんのタレとしても使えます。

加熱時間 **23**分

材料（4人分・20cmのSTAUB使用）
豚肩ロースかたまり肉……500g
A
・長ねぎの青い部分……1本分
・しょうが(薄切り)……2枚
・しょうゆ・酒……各大さじ2
・砂糖・みりん……各大さじ1
・赤唐辛子(種を取り除く)……1本
・塩・こしょう……各適量
・サラダ油……大さじ2/3

下ごしらえ
豚肉はペティナイフなどで両面を数カ所刺して筋を切り、たこ糸で縛る。塩、こしょうをしっかりなじませて保存袋に入れ、Aを加えてよくもみ込み、常温で1時間ほど漬け込む。（※数カ所刺すことで、筋が切れて縮みが少なくなったり、下味が浸透しやすくなる）

1. 豚肉に焼き色をつける
鍋にサラダ油を強めの中火で熱し、ペーパータオルで汁けを取った豚肉を入れ、全面に焼き色がつくまで焼く。漬け汁はとっておく。

2. 蓋をして弱火で加熱する
蓋をして弱火で10分ほど加熱し、一度ひっくり返し、さらに蓋をして10分ほど加熱する。火を止め、そのまま粗熱が取れるまでおく。

3. タレを絡める
豚肉を取り出し、漬け汁を加えて強めの中火で煮立たせ、豚肉を戻してタレを絡める。

保存のこと［冷蔵 **5**日｜冷凍 **3**週間］
粗熱が取れたら、タレごと保存容器に入れ、蓋をして冷蔵保存（できれば毎日ひっくり返してタレが全体に絡むようにする）。冷凍保存のときは、タレごと冷凍用保存袋に入れて密閉する。

Arrange Recipe

焼き豚と香味野菜のサラダ

材料（2人分）
焼き豚……4枚、三つ葉……1/2束、みょうが……1/2本、長ねぎ……1/6本、A［焼き豚のタレ……大さじ1、ごま油・酢・白いりごま……各小さじ1］

作り方
1. 焼き豚は1cm幅に切る。三つ葉は4cm幅のざく切り、みょうがは縦半分に切ってからせん切り、長ねぎは斜め薄切りにする。
2. ボウルにAを入れてよく混ぜ、1を加えて和える。

豚肉のおかず **2** # 豚の角煮

下ゆでした豚肉を丁寧に洗うことで余分な脂が取れ、さっぱりとした仕上がりになります。
長ねぎの水分と極少量の調味料でとろとろのおいしさに。煮汁を煮絡めたゆで卵も絶品。

加熱時間 **110**分

材料（3〜4人分・20cmのSTAUB使用）
- 豚バラかたまり肉（脂の少ないところ）——500g
- 長ねぎ——2本
- しょうが——1かけ
- 塩——適量
- 酒——50ml
- A｜しょうゆ——大さじ2
　　みりん——大さじ3
- 半熟ゆで卵——4個

下ごしらえ
1. 豚肉は3cm幅に切る。
2. 長ねぎの白い部分は鍋の幅に合わせて長さを切り、青い部分は縦半分に切る。しょうがは皮をむき、薄切りにする。

1. アクを取りながら加熱する
鍋に豚肉、たっぷりの水、酒、長ねぎの青い部分、しょうがの皮を入れて中火にかけ、沸騰するまでアクを取りながら加熱する。

2. 蓋をして弱火でゆでる
沸騰したら、蓋をして弱火で40分ほどゆでる。湯を捨て、豚肉のアクを丁寧に流水で落とす。

3. 長ねぎを敷いて豚肉を並べる
鍋に長ねぎの白い部分を全面に敷き、その上にゆでた豚肉を並べる。

4. 合わせ調味料をかけて煮込む
しょうがの薄切りをのせ、Aを回しかける。蓋をして強めの中火にかけ、蒸気が出たら弱火にして30分ほど煮込む。

5. ひっくり返す
豚肉を一度ひっくり返して底の長ねぎを上にのせ、さらに蓋をして30分ほど煮込む。火を止め、そのまま粗熱が取れるまでおく。

6. ゆで卵に煮汁を絡める
5の煮汁にゆで卵を加え、ひっくり返しながら煮汁を絡める。

食べ方アイデア　角煮丼

材料と作り方（1人分）——器にごはん1膳を盛る。焼きのり1/4枚を粗くちぎってのせ、豚の角煮1個、煮卵1/2個をのせ、煮詰めた角煮のタレ適量を回しかけ、ざく切りにした三つ葉適量をのせる。

豚肉のおかず3 ローストロールポーク

加熱時間 **33**分

レーズンを巻いた豚肉とバルサミコ酢の相性が抜群です。
玉ねぎの甘味と、仕上げのバターを加えることで、まろやかでコクのある仕上がりに。

材料（3〜4人分・20cmのSTAUB使用）

- 豚肩ロースかたまり肉——400g
- 玉ねぎ——2個
- レーズン——大さじ4
- にんにく——2かけ
- 塩・こしょう——各適量

A
- バルサミコ酢——大さじ2
- しょうゆ——大さじ3

- サラダ油——大さじ1〜2
- バター——50g

下ごしらえ

1. 豚肉は観音開きにし、塩、こしょうをしっかりすり込み、レーズンをまんべんなく散らして巻く。たこ糸で縛り、さらに塩、こしょうをふる。
2. 玉ねぎは縦4等分に切り、にんにくは芽を取り除き、叩いてつぶす。

1 豚肉に焼き色をつける

鍋にサラダ油とにんにくを中火で熱し、香りが出たら豚肉の全面に焼き色をつけ、玉ねぎを加える。

2 蓋をして弱火で煮る

Aを加え、煮立ったら蓋をして弱火で15分ほど煮て、一度ひっくり返し、さらに蓋をして15分ほど煮る。火を止め、そのまま粗熱が取れるまでおく。

3 仕上げる

バターを加え、強めの中火で煮絡める。

豚肉のおかず4 # 豚バラと冬瓜の含め煮

加熱時間 **23**分

食材から出る旨味と水分を活かし、和風だしは極力少なめにしたスープ仕立ての煮物です。
和風だしは、かつおだしが入った方がよりおいしくいただけます。

材料（4人分・20cmのSTAUB使用）
- 豚バラ焼き肉用肉……200g
- 冬瓜……1/8個
- 長ねぎ……1本
- しょうが……1/2かけ
- 和風だし……100ml
- 酒……50ml
- 薄口しょうゆ……大さじ1・1/2
- 塩……小さじ1/3

下ごしらえ
1. 豚肉は5cm幅に切る。
2. 冬瓜は種とワタを取り除き、ピーラーで皮を薄くむき、一口大に切る。長ねぎは4cm幅に切る。しょうがは皮をむき、針しょうがを作る。

1 豚肉をゆでる
豚肉を沸騰した湯で色が変わるまでゆで、水にとり、水けを取る。

2 材料を入れる
鍋に長ねぎ、しょうがの皮、冬瓜、1、酒、塩、和風だし、薄口しょうゆ大さじ1を入れる。

3 蓋をして強めの中火→弱火
蓋をして強めの中火にかけ、蒸気が出たら弱火にして10分ほど煮る。ざっくり混ぜ、残りの薄口しょうゆを加え、さらに蓋をして弱火で5分ほど加熱する。火を止め、そのまま粗熱が取れるまでおく。器に盛り、針しょうがをのせる。

牛肉のおかず **1** ローストビーフ

野菜の旨味がしみ込んだ絶品のローストビーフ。
加熱時間は10分だけで、あとはアルミホイルに包んでおくだけです。

加熱時間 **15**分

材料（4人分・20cmのSTAUB使用）
- 牛ももかたまり肉 — 500g
- にんにく — 2かけ
- くず野菜（セロリの葉、長ねぎの青い部分、玉ねぎなど）— 適量
- 酒 — 大さじ3
- しょうゆ — 大さじ1
- 塩・こしょう — 各適量
- サラダ油 — 大さじ1

下ごしらえ
1. 牛肉はしっかり室温に戻し、塩、こしょうをしっかりふり、たこ糸で縛る。
2. にんにくは芽を取り除き、叩いてつぶす。

1 牛肉を野菜の上にのせる
鍋にサラダ油とにんにくを強めの中火で熱し、牛肉の全面に焼き色をつけ、一度取り出す。くず野菜をさっと炒め、その上に牛肉をのせ、酒大さじ2を回しかける。蓋をして弱めの中火で10分ほど加熱する。

2 アルミホイルに包む
牛肉をアルミホイルの上に取り出し、しっかり包み、布の上で室温になるまでおく。

3 ソースを作る
1の鍋にしょうゆ、残りの酒を加えて強めの中火で煮立たせ、塩、こしょうで味をととのえてこし、ソースを作る。肉をスライスし、ソースを添える。

保存のこと ［冷蔵**3**日｜冷凍**2**週間］
粗熱が取れたら、ソースごと保存容器に入れ、蓋をして冷蔵保存（できれば毎日ひっくり返してソースが全体に絡むようにする）。冷凍保存のときは、ソースごと冷凍用保存袋に入れて密閉する。

Arrange Recipe

ローストビーフの雑穀サラダ

材料（2人分）
ローストビーフ — 3枚、ベビーリーフ — 1パック、ミニトマト — 4個、雑穀（ドライパック）— 1袋（50g）、ミックスナッツ — 大さじ4、ローストビーフのソース — 適量、**A**［マヨネーズ・プレーンヨーグルト — 各大さじ1、マスタード — 大さじ1/2、薄口しょうゆ — 小さじ1/2、塩・こしょう — 各適量］

作り方
1. ローストビーフは一口大に切り、ミニトマトは半分に切り、ミックスナッツは砕く。
2. ボウルにソースを絡めたローストビーフ、ミニトマト、ミックスナッツ、雑穀を入れてよく混ぜる。
3. 器にベビーリーフを敷き、2を盛り、よく混ぜた**A**をかける。

牛肉のおかず **2** # 牛すね肉の煮込み

牛すね肉を、野菜と赤ワインと一緒に時間をかけてじっくり煮込みました。
やわらかくてコクがあり、キドニービーンズとの相性が抜群です。

加熱時間 **130**分

材料（3〜4人分・20cmのSTAUB使用）
- 牛すね肉──500g
- 玉ねぎ──1/2個
- セロリ──1/2本
- にんにく──2かけ
- トマトホール缶──1缶
- キドニービーンズ（ドライパック）──200g
- 赤ワイン──50ml
- ローリエ──1枚
- 小麦粉──大さじ1
- 塩・こしょう──各適量
- サラダ油──大さじ1・1/2
- バター──30g

下ごしらえ
1. 玉ねぎ、セロリはみじん切りにする。にんにくは芽を取り除き、叩いてつぶす。
2. 牛肉は大きめに切り、ペティナイフなどで数カ所刺し、塩、こしょうをしっかりなじませ、小麦粉を薄くまぶす。

1 牛肉に焼き色をつける
鍋にサラダ油とにんにくを強めの中火で熱し、牛肉の全面に焼き色がつくまで焼く。

2 赤ワイン、ローリエを加える
玉ねぎ、セロリを加えて炒め、しんなりしたら、赤ワイン、ローリエを加える。

3 蓋をして強めの中火→弱火
蓋をして強めの中火にかけ、蒸気が出たら弱火にして1時間ほど煮込む。
（※途中30分ほど経ったら全体をざっくり混ぜ、水分が足りなかったら水を足す）

4 豆、トマト缶を加える
キドニービーンズ、トマト缶を加え、強めの中火にし、煮立ったら蓋をして弱火にして20分ほど煮込む。

5 ひっくり返して混ぜる
ひっくり返してさらに蓋をして20分ほど煮込み、ざっくりと混ぜ、さらに蓋をして20分ほど煮込む。火を止め、そのまま粗熱が取れるまでおく。

6 仕上げる
塩、こしょうで味をととのえ、バターを加え、中火で全体を煮絡める。

食べ方アイデア　タルティーヌ

材料と作り方（1人分）──バゲット2枚にオリーブオイル小さじ2をふり、牛すね肉の煮込み適量を崩しながらのせ、ピザ用チーズ大さじ4をかける。200℃に熱したオーブン（またはオーブントースター）で5分ほど焼き、刻んだイタリアンパセリ適宜を散らす。

牛肉のおかず3 牛すじ煮

加熱時間 **110**分

じっくり煮込んだ牛すじと根菜の旨味をたっぷりと味わえる一品。
長ねぎと七味唐辛子をかけると、味が引き立ちます。

材料（4人分・20cmのSTAUB使用）

- 牛すじ……400g
- こんにゃく……1枚（180g）
- 大根……1/3本
- にんじん……1本
- ごぼう……1/2本
- しょうゆ……大さじ3
- みりん……大さじ3
- A
  - しょうがの皮……1かけ分
  - 長ねぎの青い部分……1本分
  - 酒……50ml
  - 和風だし……150ml
- サラダ油……大さじ1/2
- 長ねぎ（小口切り）……適量
- 七味唐辛子……適宜

下ごしらえ

1. 牛すじはたっぷりの水で2回ゆでこぼし、流水でアクを落とし、2cm幅に切る。
2. こんにゃくはスプーンで一口大にちぎり、大根とにんじんは一口大の乱切りにする。ごぼうは皮をきれいに洗い、一口大の乱切りにし、水にさらしてアク抜きする。

1 牛すじとAを入れ、蓋をして強めの中火→弱火

鍋に牛すじ、Aを入れ、強めの中火にかけ、アクを取りながら加熱する。沸騰したら蓋をして弱火で20分ほど加熱し、ひっくり返してさらに蓋をして20分ほど加熱し、粗熱が取れるまでおく。

2 こんにゃくと野菜を炒める

フライパンにサラダ油を強めの中火で熱し、こんにゃく、大根、にんじん、ごぼうを炒める。

3 蓋をして弱火で煮る

1に2、しょうゆ、みりんを加え、全体を混ぜながら煮立ったら蓋をして弱火で40分ほど煮る。一度よく混ぜ、さらに20分ほど煮込み、火を止めてそのまま粗熱が取れるまでおく。器に盛り、長ねぎをのせ、お好みで七味唐辛子をふる。

牛肉のおかず 4 # 牛肉の根菜ロール

加熱時間 **8**分

根菜のシャキシャキとした食感と牛肉、甘辛ダレがよく合います。
焼く前に小麦粉をまぶすことでタレが絡みやすくなります。

材料(2〜3人分・20cmのSTAUB使用)
- 牛肉(しゃぶしゃぶ用)——12枚
- ごぼう——1/4本
- にんじん——1/3本
- れんこん——1/2節
- 小麦粉——大さじ1/2
- サラダ油——大さじ1
- A・しょうゆ——大さじ3
　・みりん——大さじ2

下ごしらえ
ごぼう、にんじん、れんこんは牛肉2枚分の幅に合わせて細切りにし、混ぜ合わせたAに10分ほど漬ける。

1 牛肉で野菜を巻く
牛肉2枚を少し重なるようにおき、下味をつけた根菜を1/6量巻き、小麦粉をまぶす。これを6本作る。

2 全体に焼き色をつける
鍋にサラダ油を強めの中火で熱し、1の巻き終わりを焼きつけ、全体に焼き色がつくまで焼く。

3 蓋をして弱火で煮る
根菜の漬け汁を加えて蓋をし、蒸気が出たら弱火にして5分ほど煮る。火を止め、そのまま5分ほどおく。

4 蓋を取り、煮絡める
蓋を取り、中火で牛肉にタレを煮絡める。

STAUB＋オーブンでほったらかし常備ソース

スパイシーミートソース	材料（作りやすい分量・20cmのSTAUB使用）
	・合びき肉……300g　・マッシュルーム……2〜3個（大きさによる） ・玉ねぎ……1/4個 ・セロリ……1/4本　・にんにく……1かけ ・にんじん……1/4本　・赤唐辛子（種を取り除く）……1本

1 赤唐辛子を熱する
鍋にオリーブオイル、赤唐辛子を中火で熱する。

2 合びき肉を炒める
合びき肉を炒め、みじん切りにした野菜を加えて炒める。

3 他の材料を加える
A、塩小さじ1/2を加える。

保存のこと ［冷蔵 **5**日 ｜ 冷凍 **1**ヵ月］

粗熱が取れたら、保存容器に入れ、蓋をして冷蔵保存。冷凍保存するときは、冷凍保存袋に入れて密閉し、平らにしてトレイの上で冷凍する。

材料を鍋に入れて煮立てたら、あとは予熱したオーブンに入れるだけ。
その間に他の料理が作れるのがうれしい限り。たっぷり作って常備しておくと便利です。

加熱時間 **35**分

| A | ・トマトダイス缶……1缶
・トマトケチャップ……大さじ3
・白ワイン……50ml
・ウスターソース……各大さじ2
・チリパウダー……小さじ1 | ・カレー粉……小さじ1/2
・ローリエ……1枚
・塩・こしょう……各適量
・オリーブオイル……大さじ1 | 下ごしらえ
玉ねぎ、セロリ、にんじん、マッシュルーム、にんにくはみじん切りにする。 |

4 落とし蓋をする
煮立ったら、オーブン用シートで落とし蓋をする。

5 蓋をして加熱する
蓋をして170℃に熱したオーブンで30分ほど加熱する。

6 仕上げる
オーブンから取り出し、水分を飛ばすように中火で煮詰め、塩、こしょうで味をととのえる。

食べ方アイデア
パスタやオムレツにかけて食べるのはもちろん、グラタンやドリア、ラザニア、タコライスなど、いろいろとアレンジができます。シンプルに食パンの上にのせて、チーズをかけてトーストしても◎。

加熱時間 **18**分

アンチョビ ガーリック トマトソース

材料（作りやすい分量・20cmのSTAUB使用）

トマトダイス缶……1缶、
にんにく……2かけ、玉ねぎ……1/4個、
セロリ……1/4本、アンチョビ……3枚、
赤唐辛子（種を取り除く）……1本、
ローリエ……1枚、塩・こしょう……各適量、
オリーブオイル……60ml

作り方

1. にんにく、玉ねぎ、セロリはみじん切りにする。アンチョビは5mm幅に切る。
2. 鍋にオリーブオイル50ml、赤唐辛子を強めの中火で熱し、1を炒め、香りが出たらトマト缶、ローリエ、塩小さじ1/2を加える。
3. 煮立ったら、落とし蓋をしてから蓋をし（P57参照）、180℃に熱したオーブンで15分ほど加熱する。
4. オーブンから取り出し、残りのオリーブオイルを加え、塩、こしょうで味をととのえる。

保存のこと ［冷蔵 1週間｜冷凍 1ヵ月］
P56参照

食べ方
肉や魚介のソテー、フライにかけたり、魚介やオリーブ、ケイパーを加えてパスタソースにしても◎。

加熱時間 **18**分

きのことアンチョビのオイルソース

材料（作りやすい分量・20cmのSTAUB使用）

しめじ・しいたけ・エリンギ——各100g、長ねぎ——1/2本、にんにく——2かけ、アンチョビ——2枚、ケイパー——大さじ1、赤唐辛子（種を取り除く）——1本、白ワイン——50ml、しょうゆ——大さじ1/2、塩・こしょう——各適量、オリーブオイル——大さじ3

作り方

1. しめじは石づきを落としてほぐし、しいたけは4等分に切る。エリンギは横半分に切り、縦4〜6等分に切る。長ねぎはみじん切り、にんにくは薄切り、アンチョビは7mm幅に切る。
2. 鍋にオリーブオイル、赤唐辛子を中火で熱し、きのこ、長ねぎ、にんにくを炒め、アンチョビ、ケイパー、白ワイン、塩小さじ1/2を加える。
3. 煮立ったら、落とし蓋をしてから蓋をし（P57参照）、170℃に熱したオーブンで15分ほど加熱する。
4. オーブンから取り出し、しょうゆを加え、塩、こしょうで味をととのえる。

保存のこと ［冷蔵 **1** 週間 ｜ 冷凍 **1** ヵ月］　　P56参照

食べ方

パスタと和えたり、パンにのせたり、サラダのトッピングに。

加熱時間 **35**分

中華風肉みそ

材料（作りやすい分量・20cmのSTAUB使用）

豚バラ薄切り肉——300g、長ねぎ——1本、しょうが——1かけ、にんにく——2かけ、赤唐辛子（種を取り除く）——1本、**A**［甜麺醤——大さじ2、みそ・しょうゆ——各大さじ1、酒——大さじ3、砂糖——小さじ1］、サラダ油・ごま油——各大さじ1/2

作り方

1. 豚肉は5mm幅に切り、長ねぎは5mm幅の小口切り、にんにく、しょうがはみじん切りにする。
2. 鍋にサラダ油、赤唐辛子を中火で熱し、豚肉を炒め、脂が出てきたらにんにく、しょうがを加えて炒める。長ねぎを加えてさらに炒め、**A**を加える。
3. 煮立ったら、落とし蓋をしてから蓋をし（P57参照）、170℃に熱したオーブンで30分ほど加熱する。
4. オーブンから取り出し、ごま油を加えてよく混ぜる。

保存のこと ［冷蔵 **5** 日 ｜ 冷凍 **1** ヵ月］　　P56参照

食べ方

麺や豆腐、焼きなすにかけたり、葉物野菜で包んで食べても◎。

59

教えて! STAUB こんなとき、どうする？［2］

Q
オーバルを購入しようと思うのですがどんな料理に適していますか？

A
この本では、20cmのピコ・ココットラウンドを使用したレシピがメインですが、オーバル型を使っても問題ありません。その場合は、23cmのものが容量としてほぼ同じになります。オーバル型の特徴は、さつまいもやとうもろこしなどの長さのある野菜を蒸したり、一尾魚をそのまま煮魚やアクアパッツァにしたり、かたまり肉を使った焼豚やローストビーフなどに向いているという点。基本的には、すべての料理に使えますが、ごはんを炊くときは、オーバル型だと炊きムラができやすいので、ラウンド型の方がおすすめです。

Q
最近、焦げつきやすくなってきたのですが、原因と改善法があったら教えてください

A
ストウブの内側には、黒マット・エマイユ加工という、独自のざらざらとした加工を施しているため、食材が焦げつきにくいのが特徴ですが、それでも焦げつきやすくなってきた場合は、2つの原因が考えられます。ひとつは、火力が強すぎたり、金属のヘラなどを使ったことで、黒マット・エマイユ加工された内側に傷がついてしまった場合。もうひとつは、食品の焦げが蓄積されている可能性が考えられます。オイルコーティングをしたり、玉ねぎの皮をたっぷり入れて1時間ほど煮詰めたり、専用洗剤で洗うと緩和されるでしょう。

Q
ストウブで作る煮込み料理は、火にかけるのとオーブンで煮込むのとではどちらがおすすめですか？

A
優れた熱伝導性と保温性、蓄熱性を持つストウブは、煮込み料理に最適。また、ガスや炭などの直火、IH調理器、オーブンなどさまざまな熱源で調理が可能なところも魅力です。じっくりと弱火で長時間煮込むのはもちろん、オーブンで煮込んでも、どちらもおいしく作れますので、お好みで調理するとよいでしょう。ひとつ言えるのは、弱火で長時間煮込む場合は、焦げつきやすいので、鍋のそばから離れられなくなりますが、オーブンなら、焦げつく心配が軽減され、加熱中は、他の作業ができるという利点があるということです。

ふんわり、ホロホロ、旨味が凝縮！

STAUBの魚介料理

STAUBのおいしさのヒミツ 3

どうして魚介はふっくら仕上がるの？

どうしても身がパサパサにかたくなりがちな魚介料理も、ストウブで作ればふっくら、旨味たっぷりの仕上がりに。難しい火入れもストウブなら簡単です。

火入れが難しい魚介類も、煮崩れしにくくホロホロのやわらかさに

魚介のたんぱく質は加熱すると凝固するので、高温で長時間加熱してしまうと、かたくなるうえ、旨味も溶け出してしまい、パサパサの食感になりがち。その点、ストウブなら、熱伝導性や保温性、蓄熱性が優れているので、短時間加熱しただけでも、中の温度を一定に保つことができ、魚介を加熱しすぎることなく、旨味を残したまま、しっとりやわらかく仕上げることができます。オイル煮やオイル蒸しは短時間加熱で、骨までやわらかくしたい煮魚は弱火でじっくり加熱すれば、ホロホロのやわらかさに。切り身魚やいかやえびなどの魚介も加熱時間を調整するなど、コツをつかんで調理することで、やわらかくて旨味たっぷりの魚介料理が楽しめます。

魚介の調理 | おいしくなるコツ

1
オイル煮もしっとりとした仕上がり

保存性の高いオイル煮も得意分野。保温性と蓄熱性で、油の温度を一定に保ち、しっとり＆旨味たっぷりに。

2
破れやすい皮目は上にして並べる

さばやあじの三枚おろしは、皮目を下にすると、すぐに破れるので、皮目を上にして加熱するのがコツ。

3
野菜の上に魚介をのせて火を通す

魚介のたんぱく質は高温で熱するとかたくなりやすいので、野菜の上に魚介をのせて火を通すのがコツ。

魚介のおかず **1** 手作りツナ

手作りのツナは簡単なうえに、しっとりして格別のおいしさです。
レモンの皮やタイムを入れてさわやかな風味づけを。アレンジも自由自在。

加熱時間 **10**分

材料（作りやすい分量・20cmのSTAUB使用）
- まぐろ（刺身用）……3さく（400〜500g）
- 塩……大さじ2
- 白こしょう……大さじ1
- にんにく……3かけ
- ローリエ……2枚
- タイム……2〜3枝
- レモンの皮（薄くむく）……1/2個分
- オリーブオイル……400〜450ml

下ごしらえ
1. まぐろは塩をまぶし、ぴったりラップをして15分ほどおく。水けをペーパータオルで取り、白こしょうをすり込む。
2. にんにくは芽を取り除き、叩いてつぶす。

1 材料を入れる
鍋底にオーブン用シートを敷き、まぐろ、にんにく、ローリエ、タイム、レモンの皮を入れ、ひたひたになるまでオリーブオイルを注ぐ。

2 沸騰直前まで加熱する
中火にかけ、沸騰直前（まわりに気泡がでてくる）まで加熱する。

3 蓋をして弱火で加熱する
蓋をして弱火で5分ほど加熱し、火を止め、そのまま冷めるまでおく。

保存のこと ［冷蔵 **2**週間 ｜ 冷凍 **1**ヵ月］

粗熱が取れたら、オイルごと保存容器に入れて浸し、蓋をして冷蔵保存。冷凍保存のときは、オイルごと冷凍用保存袋に入れて密閉し、オイルに浸かった状態で平らにしてトレイの上で冷凍する（粗めにほぐしても◎）。※オイルは炒め物やパスタなどに使えます

Arrange Recipe

ツナとレモンのカルボナーラ

材料（1人分）
ロングパスタ（乾燥）……80g、手作りツナ……60g、レモン……1/2個、セロリ……1/4本、ディル……適量、卵黄……1個分、生クリーム……30ml、塩・こしょう……各適量

作り方
1. レモンは果汁を搾り、皮を大さじ1ほど粗みじん切りにし、塩小さじ1/3とみじん切りにしたディルの茎とよく和えておく。
2. セロリは斜め薄切りにする。手作りツナは粗くほぐす。
3. パスタを袋の表示通りにゆで、セロリをのせたザルにあげ、水きりする。
4. ボウルに卵黄、生クリーム、手作りツナ、1を入れてよく混ぜ、ゆでたてのパスタとセロリを加え、全体が絡まったら塩、こしょうで味をととのえる。器に盛り、ディルの葉を散らす。

魚介のおかず **2** さばのレモンオリーブオイル蒸し

白ワインのフルーティーな風味、レモンのさわやかな酸味が、脂ののったさばによく合います。
ローズマリーなどのハーブを加えても、また違った味わいが楽しめます。

加熱時間 **13**分

材料（2～3人分・20cmのSTAUB使用）
- さば（三枚おろし）──1尾分
- レモン──1個
- A・にんにく──2かけ
  ・赤唐辛子（種を取り除く）──1本
- タイム──適量
- 白ワイン──50ml
- 塩──大さじ1/2
- こしょう──適量
- オリーブオイル──大さじ2

下ごしらえ
1. さばは半分に切り、塩をまぶし、15分ほどおき、ペーパータオルで余分な水けを取る。
2. レモンは2枚薄切りにしておく。にんにくは芽を取り除く。

1. 材料を入れる
鍋にオリーブオイル、Aを中火で熱し、香りが出たら、一度取り出す。さばを皮目を上にして入れ、Aを戻し、レモンの薄切り、タイムをのせる。

2. 白ワインをかける
白ワインを回しかける。

3. 蓋をして中火で加熱する
蓋をして強めの中火にかけ、蒸気が出るまで加熱する。火を止めて10分ほどおき、こしょうをふる。塩少々（分量外）と残りのレモンを添えていただく。

魚介のおかず 3 えびとじゃがいものオリーブオイル蒸し

加熱時間 **30**分

材料（3～4人分・20cmのSTAUB使用）
むきえび──150g、じゃがいも──3個、長ねぎ──1本、にんにく（すりおろし）──小さじ1、片栗粉──大さじ2、塩・こしょう──各適量、オリーブオイル──大さじ2、ディル──適量

下ごしらえ
1. えびは片栗粉をよくもみ込み、冷水で洗い、ペーパータオルで水けをしっかり取り、7mm幅に切る。
2. じゃがいもはスライサーで薄くスライスする。長ねぎは斜め薄切りにする。

1. 下味をつける
保存袋にじゃがいも、長ねぎを入れ、オリーブオイル大さじ1、にんにく、塩、こしょうを加え、袋の口を閉じてふりながら和える。

2. 材料を入れる
鍋に1の1/3量を敷き、えびの1/2量をのせる。さらにもう1回繰り返し、最後に残りの1をのせ、オリーブオイル大さじ1を回しかける。

3. 蓋をして加熱する
蓋をして180℃に熱したオーブンで30分ほど加熱し、火を止めてそのまま10分ほどおく。器に盛り、こしょうをふり、ディルを散らす。

魚介のおかず 4 **ぶり大根**

定番のぶり大根をストウブで。大根は下ゆでせずに、油で透き通るまで炒めます。
あとは他の材料を加えてストウブに任せるだけで味わい深い仕上がりに。

加熱時間 **35**分

材料(3〜4人分・20cmのSTAUB使用)
- ぶり(切り身)——3〜4切れ
- 大根——1/3本(上の部分)
- 長ねぎ——1本
- しょうが——1/2かけ
- 昆布——5cm角1枚
- しょうゆ——大さじ2・1/2
- みりん——大さじ3
- サラダ油——大さじ1

下ごしらえ
1. ぶりは半分に切り、熱湯にくぐらせて水けをきる。大根は皮を厚めにむき、一口大の乱切りにする。
2. 長ねぎは3cm幅に切る。しょうがは皮をむき、薄切りにする。昆布はひたひたの水に浸して戻し、1cm幅に切る。戻し汁はとっておく。

1 大根を炒める
鍋にサラダ油を強めの中火で熱し、大根をまわりが透き通るまで炒める。

2 他の材料を加える
ぶり、長ねぎ、しょうがの皮と薄切りを加え、しょうゆ、みりん、昆布と戻し汁を加える。

3 蓋をして強めの中火→弱火
蓋をして強めの中火にかけ、蒸気が出たら弱火にして15分ほど煮て、一度ざっくりと混ぜ、さらに蓋をして10分ほど煮る。火を止め、そのまま粗熱が取れるまでおく。

魚介のおかず **5** いわしの梅干し煮

加熱時間 **23**分

材料(4人分・20cmのSTAUB使用)
いわし——4尾、梅干し——2〜3個、しょうが——1/2かけ、昆布——5cm四方1枚、A[しょうゆ・みりん——各大さじ2]

下ごしらえ
1. いわしは胸びれのつけ根あたりから包丁を入れて頭を切り落とし、はらわたを抜き、お腹の血合いをきれいに洗い、水けをきる。
2. しょうがは皮をきれいに洗い、薄切りにする。昆布はひたひたの水に浸して戻し、細切りにする。戻し汁はとっておく。

1. 材料を入れる
鍋にいわし、昆布と戻し汁、梅干し、しょうが、Aを入れる。

2. 蓋をして中火→弱火
蓋をして中火にかけ、蒸気が出たら弱火にして20分ほど煮る。

3. 煮汁をかける
煮汁をスプーンですくい、全体に回しかけ、蓋をして粗熱が取れるまでおく。

魚介のおかず 6 ## サーモンのチーズクリーム煮

加熱時間 **7**分

生クリームと粒マスタードのソースで煮たサーモンに、チーズをのせてより濃厚に。
仕上げにサーモンとの相性がいいディルを散らしてさわやかな味わいに。

材料（2人分・20cmのSTAUB使用）
- サーモン（切り身）……2切れ（250〜300g）
- 玉ねぎ……1/2個
- パルミジャーノ（粉チーズ）……大さじ2
- 塩・こしょう……各適量
- 小麦粉……大さじ1/2
- A
  - 生クリーム……100ml
  - 粒マスタード……大さじ1
- バター……30g
- ディル……適量

下ごしらえ
1. 玉ねぎは薄切りにする。
2. サーモンは塩、こしょうをふり、小麦粉をまぶす。

---

1 サーモンに焼き色をつける
鍋にバターを強めの中火で熱し、サーモンを両面焼き色がつくように焼き、一度取り出す。

2 蓋をして中火→弱火
玉ねぎを敷き、サーモンを戻し、混ぜ合わせた**A**を回しかけ、蓋をして中火で加熱し、蒸気が出たら弱火にして3分ほど煮る。

3 チーズをかけて放置
火を止めてチーズをかけ、蓋をしてそのまま3分ほどおく。器に盛り、こしょうをふり、刻んだディルを散らす。

魚介のおかず7 いかのトマト煮

加熱時間 **30**分

雑穀や野菜などを詰め込んだいか飯風のトマト煮込み。
お好みで、チリペッパーをふりかけてピリ辛にするのもおすすめです。

材料（2人分・20cmのSTAUB使用）

- いか……2杯
- 雑穀（ドライパック）……100g
- 玉ねぎ……1/2個
- セロリ……1/4本
- にんにく……2かけ
- フレッシュバジル……適量

A
- トマトホール缶……1/2缶
- 白ワイン……50ml
- ローリエ……1枚

- 赤唐辛子（種を取り除く）……1本
- 小麦粉……大さじ1/2
- 塩・こしょう……各適量
- オリーブオイル……大さじ2

下ごしらえ

1. いかはワタと足を取り除く。足は吸盤を取り除き、7mm幅に切る。
2. 玉ねぎ、セロリ、にんにく1かけ、バジル大2枚はみじん切りにする。残りのにんにくは芽を取り除き、叩いてつぶす。

1 いかの詰め物を作る
ボウルにいかの足、みじん切りにした野菜、雑穀、小麦粉、オリーブオイル大さじ1/2、塩小さじ1/3、こしょうを入れてよく混ぜ、いかの胴に詰め、口を爪楊枝で止める。

2 鍋にいか、Aなどを入れる
鍋にオリーブオイル大さじ1、赤唐辛子、つぶしたにんにくを強めの中火で熱し、1を入れ、A、塩小さじ1/2を加える。

3 蓋をして強めの中火→弱火
蓋をして蒸気が出るまで加熱し、弱火にして15分ほど煮て、一度ひっくり返し、さらに蓋をして5分ほど煮込む。火を止め、そのまま10分ほどおく。

4 仕上げる
塩、こしょうで味をととのえ、器に盛り、残りのオリーブオイルをかけ、こしょうをふり、バジルを散らす。

揚げ物だって**STAUB**の得意料理

煮込み料理だけではなく、揚げ物も得意なストウブ。
蓄熱性が高く、具材を入れても油の温度が下がりにくいので、少ない量の油でもカラッと揚がります。

※揚げ油を熱する時間は、加熱時間に含まれていません

加熱時間 **10**分

鶏のから揚げ

材料（2〜3人分・20cmのSTAUB使用）
- 鶏もも肉……大1枚
- 塩・こしょう……各適量
- A
  - しょうゆ・みりん……各大さじ1
  - オイスターソース……大さじ1/2
  - しょうが・にんにく（各すりおろし）……各小さじ1
- B
  - 溶き卵……1/2個分
  - 片栗粉……大さじ2
- 小麦粉……大さじ3
- 揚げ油……適量
- レモン（くし形切り）……適宜

下ごしらえ

鶏肉は包丁で切り目を入れながら厚みを均一にし、一口大に切り、ペーパータオルで包んで余分な水けをしっかり取り、塩、こしょうをなじませる。保存袋に入れ、**A**を加えてよくもみ込み、10分ほどおく。**B**を加え、さらにもみ込む。

1 揚げ油を熱する
鍋に揚げ油を深さ1.5cmほど入れ、強めの中火で170℃に熱する。

2 鶏肉を入れる
中火にし、揚げる直前に、下味をつけた鶏肉に小麦粉をまぶし、1に入れる。

3 こんがり揚げる
下の面がしっかり色づいたら、裏返して両面こんがり揚げる。

4 油をきる
網を敷いたバットにのせ、油をきる。器に盛り、お好みでレモンを添える。

73

加熱時間 **8**分

えびとアスパラの
フリット

材料（2〜3人分・20cmのSTAUB使用）

むきえび……150g、
グリーンアスパラガス……5本、
片栗粉……大さじ2、
A［卵白……1個分、小麦粉……大さじ2、片栗粉……大さじ4、ベーキングパウダー……小さじ2/3、塩……小さじ1/4、冷水……大さじ2］、
揚げ油・粗塩……各適量

作り方

1. えびは片栗粉をよくもみ込み、冷水で洗い、ペーパータオルで水けをしっかり取る。アスパラは根元を2cm切り落とし、下半分は皮をむき、2等分に切る。
2. ボウルに**A**の卵白を軽く泡立て、残りの**A**の材料を加えてよく混ぜ、衣を作る。
3. えびとアスパラを**2**にくぐらせ、170℃に熱した揚げ油で揚げ、粗塩を添える。

74　※揚げ油を熱する時間は、加熱時間に含まれていません

加熱時間 **3**分

彩り野菜の洋風揚げ浸し

材料（2人分・20cmのSTAUB使用）

パプリカ（赤・黄）……1/2個分、なす……2本、ズッキーニ……1/2本、**A**［りんご酢……50ml、顆粒コンソメ……小さじ2/3、塩……小さじ1/3、はちみつ……大さじ1・1/2、レモン（薄切り）……2枚、ローリエ……1枚、水……150ml］

作り方

1. パプリカはヘタと種を取り除き、3等分に切る。なすとズッキーニは縦に4等分に切る。
2. 耐熱ボウルに**A**を入れ、電子レンジで沸騰するまで5分加熱する。
3. 170℃に熱した揚げ油にパプリカを入れ、皮目にうっすら揚げ色がつくまで1分ほど揚げる。なすは皮目を1分ほど揚げ、裏返して1分ほど揚げる。ズッキーニは1分ほど揚げる。**2**に直接入れて味をなじませる。

加熱時間 **8**分

あじの香り揚げ

材料（2〜3人分・20cmのSTAUB使用）

あじ（三枚おろし）……3尾分、カレー粉……小さじ1、青のり……小さじ2、塩……小さじ1・1/2、小麦粉・溶き卵・パン粉……各適量、揚げ油……適量、ウスターソース・レモン……各適宜

作り方

1. あじは塩をまぶし、10分ほどおき、ペーパータオルで余分な水けを取る。
2. **1**にカレー粉、青のりをしっかりなじませ、小麦粉、溶き卵、パン粉の順に衣をつける。
3. 170℃に熱した揚げ油で**2**を両面揚げ、お好みでウスターソースやレモンを添える。（※あじを立てかけておくと油ぎれがよい）

75

教えて! STAUB こんなとき、どうする？［3］

Q
無水調理でカレーを作るとき、水分は足さなくても本当に大丈夫ですか？

A
ストウブは密閉性が高く、蓋裏の突起（ピコやシステラ）により、食材から水分を引き出して、蒸気を鍋の中で対流させる無水調理が大の得意。この本で紹介しているカレーのレシピでは、野菜や肉からも加熱している間に食材が持っている水分が引き出され、蒸気が鍋の中で対流しますし、水分多めのトマト缶も加えているので、問題ありません。水を加えないことで、より濃厚な旨味を味わうことができます。水分多めのスープカレーを作る場合は、最初の食材の加熱は無水調理で行い、火が通ったら水を加えて濃度を調整するといいでしょう。

Q
ストウブで煮込み料理を作るとき、通常の煮込み料理の水分量でも作れますか？

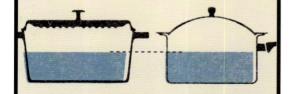

A
ストウブを使う場合も、通常の煮込み料理の水分量で作ることはもちろんできます。ただ、沸騰するまでの時間や煮詰める時間が長くかかりますし、調味料がたくさん必要になるうえ、食材の旨味も減ります。ストウブの特徴を生かして煮込み料理を作るなら、断然、無水調理がおすすめです。沸騰するまでの時間、煮詰める時間も短縮できますし、何より、味が濃厚に仕上がります。また、ストウブで作るだけで豪華に見えるのもうれしいところ。この本で紹介しているレシピを参考にしながら、極上の煮込み料理に挑戦してみてください。

Q
16cmの大きさのストウブはどんな料理に合いますか？

A
この本では20cmのピコ・ココットラウンドをメインに使用しています。この大きさは、2〜3人分の料理を作るのにちょうどよいサイズです。16cmは20cmに比べるとかなり小さめではありますが、1〜2人分の普段使いや煮込み料理、ごはんも2合まで炊くことが可能です。2人暮らしで食べ切りたいときにはおすすめのサイズです。また、みそ汁やつけ合わせの野菜を蒸したり、揚げ鍋に使うなど、使い勝手がいいのも16cmの特徴です。料理以外でも、お菓子の焼き型やジャム、コンポートを作るときにも便利です。

食材の旨味だけで
だしいらず！

STAUBの煮込み＆スープ

STAUBのおいしさのヒミツ 4
どうして無水調理は旨味が凝縮するの?

ストウブの得意分野といえば、無水調理。野菜や肉、魚介を蒸すのはもちろん、煮込み料理やスープにも応用すれば、極上のおいしさを味わえます。

食材からの水分を引き出し、蒸気で加熱しながら火を通すから、食材本来の濃厚な旨味が味わえる

無水調理は、肉や野菜などの食材に含まれる水分を引き出し、旨味とコクたっぷりに仕上げる調理法。そのおいしさの秘密は、ストウブのずっしりとした重い蓋と蓋裏の突起(ピコやシステラ)。密閉性が高まるので、少量の水分を加えるだけで、食材から引き出される水分と一緒に蒸気として鍋の中で対流して、旨味を逃さず、煮汁やスープに還元され、濃厚な旨味が引き出された仕上がりに。無水カレーなどは、トマトなど水分の多い野菜や白ワインを加えて煮込むことで、水なしでもおいしく仕上がりますし、スープを作るなら、最初は少量の水分のみで無水調理をした後、牛乳や生クリーム、水でのばして仕上げれば、旨味たっぷりのスープができ上がります。

無水調理 | おいしくなるコツ

1 材料を全て入れて少量の水分だけで煮る

食材が持つ水分を引き出して、その蒸気を対流させて加熱する無水調理。水分は少量にするのがベスト。

2 かたまり肉を煮るときは時間差調理で

煮込み料理は、火の通りにくい肉から無水調理をして、その後、時間差で野菜を加えて煮込むのがコツ。

3 煮込みやスープを作るときは水分の調整を

骨つき肉などの煮込みはワインを多めに、スープを作るなら、無水調理後に牛乳や水などで調整を。

煮込み&スープ **1** **ポトフ**

大きく切った野菜と肉から出る旨味をたっぷり味わえるスープ。
味つけはシンプルに。食材からも水分が出るので、水は少なめにするのがポイントです。

加熱時間 **60**分

材料（3〜4人分・20cmのSTAUB使用）
- 塩豚（右記参照）——300g
- キャベツ——1/4個
- じゃがいも——3個
- にんじん——1本
- 玉ねぎ——1個
- セロリ——1/2本
- 白ワイン——50ml
- ローリエ——1枚
- 塩・こしょう——各適量

※塩豚——豚肩ロースかたまり肉500gの両面をナイフで数カ所差し、筋を切る。粗塩大さじ1/3をすり込み、ローリエ1枚ずつを上下に貼りつけ、ラップでぴったり包み、保存袋に入れ、冷蔵庫で2日漬け込む。

下ごしらえ

1. 塩豚は2cm幅に切る。
2. じゃがいも、にんじんは食べやすい大きさに切り、玉ねぎは上下を切り落とし、縦4等分に切る。セロリは繊維の強いところはピーラーで薄くむき、5cm幅に切る。キャベツは縦3等分に切る。

1 白ワイン、水、塩豚、塩を入れる
鍋に白ワイン、水100ml、塩豚、ローリエ、塩小さじ1を入れる。

2 蓋をして強めの中火→弱火
蓋をして強めの中火にかけ、蒸気が出たら弱火にして40分ほど煮込む。

3 野菜を加えて煮込む
野菜を加え、上から塩小さじ1/3をふり入れる。蓋をして強めの中火で加熱し、蒸気が出たら弱火にして15分ほど煮込み、塩、こしょうで味をととのえる。

保存のこと ［冷蔵 **5**日 ｜ 冷凍 **2**週間］

粗熱が取れたら、スープごと保存容器に入れ、蓋をして冷蔵保存。冷凍保存のときは、冷凍用保存袋にスープごと入れて密閉し、平らにしてトレイの上で冷凍する。自然解凍せず、保存袋ごと湯煎にかけて加熱するのがおすすめ。

Arrange Recipe

スープパスタ

材料（1人分）
ポトフ——1人分、ショートパスタ（乾燥）——30g、塩・こしょう——各適量、セロリの葉——適量

作り方

1. 鍋にショートパスタを乾燥したまま入れ、ポトフの具とパスタがかぶるくらいのスープを加える。蓋をして強めの中火にかけ、蒸気が出たら弱火にして10分ほど煮る。
2. 塩、こしょうで味をととのえ、刻んだセロリの葉を散らす。

81

煮込み&スープ **2** ひよこ豆と鶏の無水カレー

水を使わずに食材の水分だけで作るカレーは、食材本来の旨味を存分に味わえます。
クミンシードやカレー粉のスパイシーな香りが食欲をかき立てます。

加熱時間 **35**分

材料（3〜4人分・20cmのSTAUB使用）

- 鶏もも肉……1枚
- ゆでひよこ豆(P31)……200g
- 玉ねぎ……2個
- トマト……大2個
- クミンシード……小さじ1
- A
  - しょうが・にんにく（各すりおろし）……各大さじ1/2
  - カレー粉……大さじ2
- B
  - ガラムマサラ……大さじ1/2
  - ウスターソース……大さじ1
- 小麦粉……大さじ1
- 塩・こしょう……各適量
- バター……50g

下ごしらえ

1. 玉ねぎは繊維を断つように薄切り、トマトはざく切りにする。
2. 鶏肉は包丁で切り目を入れながら厚みを均一にし、一口大に切り、ペーパータオルで余分な水けを取り、塩、こしょう、小麦粉をまぶす。

1. 鶏肉を皮目から焼く
鍋にバター30gを強めの中火で加熱し、鶏肉を皮目を下にして入れ、両面こんがり焼いて一度取り出す。

2. クミンシードを熱する
1の鍋にクミンシードを入れて熱し、香りが出たら、玉ねぎを加え、うっすら焼き色がつくまで炒める。

3. スパイスなどを炒める
Aを加えて香りが出るまで炒める。

4. 鶏肉、豆、トマト、塩を加える
鶏肉を戻し、ひよこ豆、トマト、塩小さじ1を加える。

5. 蓋をして強めの中火→弱火
蓋をして強めの中火で加熱し、蒸気が出たら弱火にして20分ほど煮込む。（※途中10分ほど経ったら、全体をざっくり混ぜる）

6. 仕上げる
Bを加え、5分ほど混ぜながら煮込み、塩、こしょうで味をととのえ、残りのバターを加える。

食べ方アイデア　焼きカレー

材料と作り方（1人分）――温かいごはん1膳弱にバター小さじ1、塩小さじ1/4、こしょう少々を混ぜて耐熱容器に盛る。ひよこ豆と鶏の無水カレー1/2人分をかけ、真ん中にくぼみを作って卵1個を割り入れ、ピザ用チーズ大さじ3をかける。200℃に熱したオーブンで10〜15分焼き、みじん切りにしたパセリ少々を散らす。

煮込み＆スープ3 # 豚肉とりんごの煮込み

加熱時間 **50~55分**

ポトフでも使った塩豚をりんごとスパイスの煮込みにアレンジ。
やわらかく煮込んだ塩豚、りんごの甘酸っぱさ、スパイスの香りを堪能して。

材料（4人分・20cmのSTAUB使用）

- 塩豚（P80）……500g
- りんご……1個
- 長ねぎ……1本
- にんにく……2かけ
- A
  - シナモンパウダー……小さじ1/3
  - ローリエ……1枚
  - 八角（あれば）……1/2個
- 白ワイン……大さじ1
- 塩・こしょう……各適量
- 小麦粉……大さじ1
- 砂糖……40g
- バター……50g
- クレソン……適宜

下ごしらえ

1. 塩豚は2cm幅に切り、塩、こしょう、小麦粉をまぶす。
2. りんごは皮をよく洗い、芯を取り除いて6等分に切る。長ねぎは4cm幅に切る。にんにくは芽を取り除き、叩いてつぶす。

1 塩豚に焼き色をつける

鍋にバター20gとにんにくを強めの中火で熱し、塩豚を両面焼き色をつけ、塩豚とにんにくを一度取り出す。

2 材料を入れる

1の鍋にバター20gと砂糖を加えて中火で加熱し、ふつふつ色づいてきたらりんごを加えて絡め、塩豚とにんにくを戻し、長ねぎ、Aを加え、白ワインを回しかける。

3 蓋をして強めの中火→弱火

蓋をして強めの中火で加熱し、蒸気が出たら弱火にして30分ほど煮る。火を止め、そのまま粗熱が取れるまでおく。（※途中20分ほど経ったら、全体をざっくり混ぜる）

4 仕上げる

蓋を取って中火で15分～20分煮詰め、塩、こしょうで味をととのえ、残りのバターを加えて混ぜる。お好みでクレソンを添える。

煮込み&スープ **4** # 豚バラと白菜のスープ煮

加熱時間 **25**分

水は使わずに少なめの白ワインで食材の旨味を引き出したスープ煮。
味つけは、オリーブの塩けと塩、こしょう、オリーブオイルだけで十分です。

材料（2～3人分・20cmのSTAUB使用）
- 豚バラ薄切り肉……200g
- 白菜……1/4個
- 長ねぎ……1本
- 黒オリーブ（輪切り）……10粒分
- にんにく（薄切り）……1かけ分
- 白ワイン……50ml
- 塩・こしょう……各適量
- オリーブオイル……大さじ2

下ごしらえ
1. 白菜は芯を取り除き、3cm幅のざく切りにし、長ねぎは3cm幅に切る。
2. 豚肉は4cm幅に切り、塩、こしょうで下味をつける。

1 材料を入れる
鍋に白菜半量、豚肉半量、白菜半量、豚肉半量、にんにく、長ねぎ、オリーブの順に入れ、塩小さじ1/2と、白ワイン、オリーブオイル大さじ1を全体に回しかける。

2 蓋をして強めの中火→弱火
蓋をして強めの中火にかけ、蒸気が出たら弱火にして20分ほど煮る。（※途中15分ほど経ったら全体をざっくり混ぜる）

3 仕上げる
塩、こしょうで味をととのえ、オリーブオイル大さじ1を回しかける。

煮込み&スープ 5 ## 濃厚クラムチャウダー

加熱時間 **20**分

あさり、ベーコン、野菜など、たっぷりの食材を煮込んだ栄養満点のごちそうチャウダー。
カリフラワーと大豆の食感がいいアクセントに。

材料（4人分・20cmのSTAUB使用）
- あさりのむき身……50g
- カリフラワー……1/4個
- 玉ねぎ……1個
- 白菜……2枚
- ゆで大豆（P30）……100g
- セロリ……1/3本
- ベーコン（厚切り）……50g
- ローリエ……1枚
- 白ワイン……50ml
- 牛乳……150ml
- 生クリーム……100ml
- 小麦粉……大さじ1
- 塩・こしょう……各適量
- バター……10g
- イタリアンパセリ……適宜

下ごしらえ
1. あさりは白ワイン大さじ1（分量外）で和える。ベーコンは5mm幅に切る。
2. 玉ねぎ、白菜、セロリは1cm角に切り、カリフラワーは小房に分けて縦3等分に切り、野菜に小麦粉をまぶす。

1 材料を入れる
鍋に野菜、大豆、ベーコン、あさり、ローリエ、塩小さじ1/2の順に入れ、白ワインを回しかける。

2 蓋をして強めの中火→弱火
蓋をして強めの中火にかけ、蒸気が出たら弱火にして15分ほど煮る。（※途中10分ほど経ったら全体をざっくり混ぜる）

3 仕上げる
生クリーム、牛乳を加え、沸騰直前に火を止め、塩、こしょうで味をととのえ、バターを加える。お好みでイタリアンパセリを散らす。

煮込み&スープ **6** # コラテッラ （白もつのトマト煮込み） 加熱時間 **70〜130**分

トマトベースのローマ風もつ煮込み。1時間煮込んだだけでもおいしくいただけますが、
長く煮込めば煮込むほど、やわらかくなります。

材料（4人分・20cmのSTAUB使用）
- 豚白もつ（ゆでたもの）——400g
- 玉ねぎ——1個
- セロリ——1本
- にんにく——3かけ
- A
  - トマトホール缶——1缶
  - 黒オリーブ——12粒
  - ローリエ——1枚
  - フレッシュハーブ（タイム・ローズマリーなど）——3枝
- オリーブオイル——大さじ3
- 赤唐辛子（種を取り除く）——1本
- 塩・こしょう——各適量
- イタリアンパセリ（粗みじん切り）・チリパウダー——各適宜

下ごしらえ
1. 白もつは一度ゆでこぼす。
2. 玉ねぎ、セロリは粗みじん切りにする。にんにくは芽を取り除き、叩いてつぶす。

1 玉ねぎとセロリを炒める
鍋にオリーブオイル大さじ2、赤唐辛子、にんにくを中火で熱し、玉ねぎとセロリを炒める。

2 蓋をして強めの中火→弱火
白もつ、A、塩小さじ1を加え、蓋をして強めの中火で加熱し、蒸気が出たら弱火にして1〜2時間煮込む。
（※途中30分ごとに全体をざっくり混ぜる）

3 仕上げる
塩、こしょうで味をととのえ、オリーブオイル大さじ1をかける。お好みでイタリアンパセリを散らし、チリパウダーをふる。

STAUBでおもてなし料理1

STAUBでおもてなし料理 2

STAUBでおもてなし料理 1 (P88・89)

ゲストを招くときにも大活躍のストウブ。
おいしいだけではなく、そのまま鍋ごと出せば、テーブルが一気に盛り上がります。

コック・オー・バン

材料（4人分・23cmのオーバル使用）
- 鶏もも骨つき肉——2本
- ベーコン（厚切り）——60g
- 玉ねぎ——2個
- マッシュルーム——6個
- にんにく——2かけ
- 長ねぎ——1/2本
- トマトホール缶——1/2缶
- 赤ワイン——200ml
- ローリエ——1枚
- 小麦粉——大さじ1/2
- 塩・こしょう——各適量
- バター——50g

じゃがいものグラタン

材料（4人分・20cmのラウンドホットプレート使用）
- じゃがいも——大3個
- A
  - 生クリーム——150ml
  - にんにく（すりおろし）——小さじ1
  - 塩——小さじ1/3
- 白こしょう——適量

サラダ・ニソワーズ

材料（4人分・GOHAN Mサイズ使用）
- 手作りツナ(P64)——100g
- じゃがいも——2個
- さやいんげん——8本
- ゆで卵——2個
- 黒オリーブ——3粒
- ロメインレタス——1個
- ミニトマト——5個
- アンチョビ——3枚
- 塩——小さじ1/4
- A
  - 白ワインビネガー（またはりんご酢）——大さじ2
  - 粒マスタード——大さじ1/2
  - オリーブオイル——70ml
  - にんにく（すりおろし）——小さじ1/3
  - 塩——小さじ1/2
  - こしょう——適量
- ローリエ——1枚

92　※すべて20cmのSTAUBで作れます

加熱時間 **50**分

作り方

1. マッシュルームは石づきを落とし、玉ねぎは縦4等分に切る。にんにくは芽を取り除き、叩いてつぶす。長ねぎは小口切りにする。ベーコンは1cm幅に切る。
2. 鶏肉はペーパータオルで包んで余分な水けを取り、ペティナイフなどで皮目を数カ所刺し、塩、こしょうをしっかりなじませる。
3. 鍋にバター30gとにんにくを強めの中火で熱し、小麦粉を薄くまぶした鶏肉を入れ、両面こんがり焼き色をつけ、一度取り出す。
4. 3の鍋にベーコン、長ねぎ、マッシュルーム、玉ねぎを加えて中火で炒め、鶏肉を戻し、トマト缶を加える(a)。
5. ローリエと赤ワインを加え(b)、蓋をして強めの中火で加熱し、蒸気が出たら弱火にして40分ほど煮込む。(※途中30分ほど経ったら全体をざっくり混ぜる)
6. 蓋を取り、ゆっくり混ぜながら、とろみがつくまで中火で加熱し、塩、こしょうで味をととのえ、残りのバターを加える。

加熱時間 **20**分

作り方

1. じゃがいもは、スライサーで薄くスライスする。
2. 鍋に1を入れ、混ぜ合わせたAを回しかけ(a)、蓋をする。
3. 180℃に熱したオーブンで20分ほど焼き、蓋を取って10分ほど焼く。

加熱時間 **10**分

作り方

1. じゃがいもは一口大に切り、いんげんはヘタを切り落として2等分に切る。
2. 鍋にさっと水を通したじゃがいもを入れ、塩をふり、蓋をして強めの中火にかけ、蒸気が出たら弱火にして5分ほど加熱する。
3. 2にさっと水を通したいんげんを加え(a)、蓋をしてさらに3分ほど加熱し、火を止めてそのまま2分ほどおく。
4. オリーブは輪切りにする。ロメインレタスは水で洗い、水けをしっかりきり、2cm幅に切る。ミニトマトは半分に切る。手作りツナは粗めにほぐす。ゆで卵は縦6等分に切る。アンチョビは1cm幅にちぎる。
5. 器に3、4を盛りつけ、よく混ぜたAをかける。

STAUBでおもてなし料理2 (P90・91)

加熱時間 **40**分

ミートローフ

材料（4人分・16cmのSTAUB使用）
合びき肉……300g、セロリ（茎と葉のみじん切り）……1/2本分、玉ねぎ（みじん切り）……1/4個分、A［卵……1個、パン粉……1/2カップ、顆粒コンソメ……小さじ1］、ドライプルーン（種なし）……5～6粒、ベーコン……8～10枚、粗びき黒こしょう……適量

作り方
1. ボウルに玉ねぎとセロリ、合びき肉、Aを入れてよくこね、プルーンを加えて混ぜる。
2. 鍋の底にサラダ油適量（分量外）を塗り、オーブン用シートを敷き、ベーコンを少し重ねるように敷き詰め（a）、1を空気を抜くように詰め（b）、ベーコンを折りたたむように包み（c）、こしょうをふり、蓋をする。
3. 180℃に熱したオーブンで30分ほど焼き、蓋を取って10分ほど焼く。粗熱を取り、切り分けて器に盛り、こしょうをふる。

加熱時間 **13**分

さつまいもとにんじんのポタージュ

材料（4人分・20cmのSTAUB使用）
A［長ねぎ・セロリ（各斜め薄切り）……各1/2本分］、B［さつまいも（1cm幅の輪切りにし、水にさらす）、にんじん（薄い輪切り）……各1/2本分］、ローリエ……1枚、牛乳……300～350ml、塩・こしょう……各適量、バター……40g、シナモンパウダー……少々

作り方
1. 鍋にバターを熱し、Aを中火で炒め、透き通ってきたらBを加え、全体にバターが回ったら、ローリエ、塩小さじ1/2、水大さじ2を加える。
2. 蓋をして蒸気が出たら弱火にして10分ほど加熱し、火を止めてそのまま10分ほどおく。
3. 2をなめらかになるまでミキサーにかけ、鍋に戻し、好みのとろみになるまで牛乳を加えて中火で温め、塩、こしょうで味をととのえる。
4. 器に盛り、シナモンパウダーをふる。お好みでセロリの葉を刻んで散らす。

加熱時間 **3**分

ほうれん草とオレンジのサラダ

材料（4人分・20cmのSTAUB使用）
サラダほうれん草（4等分に切る）……1束分、クレソン（葉とやわらかい茎を切る）……1束分、オレンジ……1個、くるみ……大さじ2、ベーコン（短冊切り）……2枚分、塩・こしょう……各適量、オリーブオイル……大さじ2

作り方
1. 鍋にオリーブオイル、ベーコン、くるみを入れ、蓋をして中火で加熱し、パチパチ音がしてきたら弱火にして2分ほど加熱する。
2. 蓋を取り、皮をむいて房取りしたオレンジと皮などに残った果肉を搾った果汁を加え、塩、こしょうで味をととのえ、ドレッシングを作る。
3. 器にサラダほうれん草とクレソンを盛り、2をかける。

ふんわり、もっちり、
かまど炊き仕上げ！

STAUB のごはん料理

STAUBのおいしさのヒミツ 5
どうしておいしいごはんが炊けるの？

炊飯器で炊くのがラクな気がするけれど、火加減のコツを押さえれば、
ストウブで炊くごはんも簡単でおいしい！ ふっくらもちもちごはんを味わって。

炊くときにゆっくり温度が上がるので、デンプンの甘味と旨味を引き出す

ストウブで炊くごはんが炊飯器で炊くものよりもおいしい理由は、優れた熱伝導性と保温性にあります。蓋をして火にかけ、蒸気が上がるまでは、ゆっくりと温度が上がるので、米はやわらかくなりながら、たっぷり吸水します。この時間が短いと、芯の残ったごはんになってしまうので要注意。また、蒸気が上がってきたら、弱火で蒸し煮にし、最後に火を強めて高温を保つことによって、ごはんの味がグンとおいしくなります。火を止めて、そのまま放置すると、鍋の中の温度は一定のままで糊化がスムーズに起こり、ふっくら＆もちもちのごはんが炊き上がるのです。基本のごはんはもちろん、具材を混ぜて炊き上げる炊き込みごはんもおいしく仕上がります。

ごはんを炊く HOW TO

※レシピのごはんは、かためになっています。やわらかめにする場合、米1合に対して水15mlを足してください

1 白ごはん

材料（2合分・GOHAN Mサイズ使用）

米……2合、
水……360ml（無洗米の場合は400ml）

作り方

1. 米は洗い、ザルにあげて水をきる。鍋に入れ、水を加えて30分ほど浸しておく。
2. 蓋をして強めの中火にかけ、蒸気が漏れてきたら弱火にして10分ほど、中火で5分ほど加熱し、火を止めてそのまま10分ほど蒸らす。
3. 炊き上がったら、下からひっくり返すようにざっくりと混ぜる。

2 玄米ごはん

材料（2合分・GOHAN Mサイズ使用）

玄米……2合、
水……420ml

作り方

1. 玄米は洗い、ザルにあげて水をきる。鍋に入れ、水を加えて30分ほど浸しておく。
2. 蓋をして強めの中火にかけ、蒸気が漏れてきたら弱火にして20分ほど、中火で5分ほど加熱し、火を止めてそのまま15分ほど蒸らす。
3. 炊き上がったら、下からひっくり返すようにざっくりと混ぜる。

3 雑穀ごはん

材料（約2合分・GOHAN Mサイズ使用）

米……2合、雑穀……30g、
水……400ml（無洗米の場合430ml）

作り方

1. 米は洗い、ザルにあげて水をきる。鍋に入れ、雑穀と水を加えて30分ほど浸しておく。
2. 蓋をして強めの中火にかけ、蒸気が漏れてきたら弱火にして10分ほど、中火で5分ほど加熱し、火を止めてそのまま10分ほど蒸らす。
3. 炊き上がったら、下からひっくり返すようにざっくりと混ぜる。

※3合分の作り方は、P106を参照してください　※無洗米は洗米しないので、吸水しない分、水分量を多く設定しています

※写真はイメージです 97

炊き込みごはん1 **鯛めし**

贅沢な気分を味わえる鯛めし。切り身を使えば、簡単に作れます。
昆布と香ばしく焼いた鯛と一緒に炊き、たっぷりの薬味をかけて食べて。

加熱時間 **20**分

材料（3合分・20cmのSTAUB使用）
- 米……3合
- 水……550ml（無洗米の場合 600ml）
- 鯛（切り身）……3切れ
- 昆布……5cm四方1枚
- しょうが……1/2かけ
- 白いりごま……大さじ1
- 薄口しょうゆ……大さじ1/2
- 塩……適量

〈薬味〉
- 貝割れ菜（ざく切り）……1/2パック分
- みょうが（薄い半月切り）……1本分
- 青じそ（せん切り）……3枚分

下ごしらえ
1. 鯛は塩をふって15分ほどおき、余分な水けを取り、塩小さじ1/2をふりかけ、グリルの中火で両面を焼く。
2. 昆布は濡れ布巾でふく。しょうがは針しょうがにする。
3. 米は洗い、ザルにあげて水けをきる。

1 鍋に米、水、昆布を入れる
鍋に米と水を入れ、昆布をのせて30分ほど浸しておく。

2 鯛をのせる
昆布の上に焼いた鯛をのせ、塩小さじ1/2をまぶす。

3 蓋をして強めの中火→弱火
蓋をして強めの中火にかけ、蒸気が漏れてきたら弱火にして10分ほど、中火で5分ほど加熱し、火を止めてそのまま10分ほど蒸らす。

4 炊き上がり

5 薄口しょうゆを回しかける
炊き上がったら鯛と昆布を取り出し、ごはんに薄口しょうゆを回しかけ、下からひっくり返すようにざっくりと混ぜる。

6 鯛と針しょうがを混ぜる
ほぐした鯛、針しょうが、ごまを加え、さらにざっくりと混ぜる。塩で味をととのえ、薬味をたっぷりのせる。

食べ方アイデア　**鯛めし茶漬け**

材料と作り方（1人分）──茶碗に鯛めし1膳分を盛り、すりおろしたわさび少々とざく切りにした三つ葉適量をのせ、温かい和風だし適量をかける。

炊き込みごはん2 **五目ごはん**

加熱時間 **25**分

具沢山の五目ごはんは、もち米を少しブレンドするのがおいしさの秘訣。
これで、少しもちっとした食感に。少し長めに炊くと、香ばしいおこげが味わえます。

材料（3合分・20cmのSTAUB使用）

- 米……2.5合
- もち米……0.5合
- 鶏もも肉……小さめ1枚（150g程度）
- にんじん……1/2本
- しいたけ……2枚
- こんにゃく……1/2枚
- 油揚げ……1枚
- 絹さや……5枚
- 和風だし……500ml
  （無洗米の場合550ml）
- A
  - 酒……大さじ1
  - しょうゆ……大さじ1・1/2
  - みりん……大さじ1/2
  - 塩……小さじ1/3

下ごしらえ

1. 米ともち米は洗い、ザルにあげて水けをきる。
2. しいたけは5mm幅の薄切り、にんじん、こんにゃく、油揚げはしいたけの大きさに合わせて短冊切りにする。鶏肉は1cm角くらいに切り、余分な水けを取り、しょうゆ・酒各小さじ1（分量外）で下味をつける。

1 鍋に米、和風だしを入れる

鍋に米ともち米を入れ、和風だしを加えて30分ほど浸しておく。

2 具材をのせ、Aを回しかける

1に下ごしらえをした具材をのせ、Aを回しかける。

3 蓋をして強めの中火→弱火

蓋をして強めの中火にかけ、蒸気が漏れてきたら弱火にして15分ほど、中火で5分ほど加熱し、火を止めてそのまま10分ほど蒸らす。

4 絹さやを混ぜる

炊き上がったら塩ゆでして細く切った絹さやを加え、下からひっくり返すようにざっくりと混ぜる。
（※味が薄いようなら、しょうゆを加えて味をととのえる）

炊き込みごはん3 **しらすと梅の炊き込みごはん** 加熱時間 **20**分

しらす干しの塩けと梅干しの酸味のバランスがいい炊き込みごはん。
仕上げに針しょうがとごまを加え、香りのいい三つ葉をアクセントに。

材料（3合分・20cmのSTAUB使用）
- 米 — 3合
- しらす干し — 50g
- 梅干し — 大3個
- しょうが — 1かけ
- 和風だし — 520ml（無洗米の場合 570ml）
- ごま油 — 大さじ1/2
- 酒 — 大さじ1
- 薄口しょうゆ — 大さじ1
- 白いりごま — 大さじ1
- 三つ葉（ざく切り） — 1/2パック分

下ごしらえ
1. 米は洗い、ザルにあげて水けをきる。
2. しょうがは針しょうがにする。しらすとごま油を和える。

1 鍋に米、和風だしを入れる
鍋に米を入れ、和風だしを加えて30分ほど浸しておく。

2 具材をのせ、酒を回しかける
ごま油で和えたしらす、梅干しを1にのせ、酒を回しかける。

3 蓋をして強めの中火→弱火
蓋をして強めの中火にかけ、蒸気が漏れてきたら弱火にして10分ほど、中火で5分ほど加熱し、火を止めてそのまま10分ほど蒸らす。

4 針しょうがとごまを混ぜる
炊き上がったら、梅干しの種を取り除き、針しょうが、ごま、薄口しょうゆを加え、下からひっくり返すようにざっくりと混ぜる。器に盛り、三つ葉をのせる。

ピラフ1 サーモンとレモンの炊き込みピラフ

サーモン、セロリ、さらにレモンも一緒に炊いたさわやかなピラフ。
セロリの葉は捨てずに、刻んで混ぜたり、仕上げに散らすと風味も見た目もよくなります。

加熱時間 **20**分

材料（3合分・20cmのSTAUB使用）
- 米……3合
- 水……540ml（無洗米の場合590ml）
- サーモン（切り身）……3切れ
- レモン（薄切り）……3枚
- セロリ……1/2本
- ローリエ……1枚
- 白ワイン……大さじ1
- セロリの葉……適量
- 塩・こしょう……各適量
- バター……20g

下ごしらえ
1. 米は洗い、ザルにあげて水けをきる。
2. サーモンは塩、こしょうをふって15分ほどおき、余分な水けを取る。フライパンにバターの半量を中火で熱し、両面にうっすら焼き色がつくまで焼く。
3. レモンは放射状に6等分に切り、セロリは茎をみじん切り、葉をせん切りにする。

1 鍋に米、水を入れる
鍋に米と水を入れ、30分ほど浸しておく。

2 具材をのせる
セロリの茎、ローリエ、レモン、焼いたサーモンをのせ、白ワインを回しかけ、塩小さじ1/2、こしょうをふる。

3 蓋をして強めの中火→弱火
蓋をして強めの中火にかけ、蒸気が漏れてきたら弱火にして10分ほど、中火で5分ほど加熱し、火を止めてそのまま10分ほど蒸らす。

4 炊き上がり

5 バター、セロリの葉を混ぜる
炊き上がったらサーモンを取り出し、残りのバター、セロリの葉を加え、下からひっくり返すようにざっくりと混ぜる。

6 サーモンを混ぜる
ほぐしたサーモンを加え、さらにざっくりと混ぜ、お好みでレモン適量（分量外）を搾っていただく。

食べ方アイデア　ピラフおむすび

材料と作り方（1個分）……サーモンとレモンの炊き込みピラフ100gをラップに包み、お好みの形に握り、人肌に冷めたらラップを外す。レタスやサラダ菜を巻いても◎。

103

ピラフ2 長ねぎとベーコンの炊き込みピラフ 加熱時間 **20**分

長ねぎの甘味とベーコンの旨味を感じられるピラフです。
バターと薄口しょうゆで仕上げ、こしょうはたっぷりめにかけるのが◎

材料（3合分・20cmのSTAUB使用）
- 米 —— 3合
- 水 —— 540ml（無洗米の場合590ml）
- ベーコン（ブロック）—— 60g
- 長ねぎ —— 1本
- にんにく —— 1かけ
- 白ワイン —— 大さじ1
- ローリエ —— 1枚
- バター —— 20g
- 薄口しょうゆ —— 大さじ1/2
- 塩・こしょう —— 各適量
- パセリ（みじん切り）—— 適宜

下ごしらえ
1. 米は洗い、ザルにあげて水けをきる。
2. ベーコンは7mm幅に切り、長ねぎは1cm幅の輪切り、にんにくはみじん切りにする。

1 鍋に米、水を入れる
鍋に米と水を入れ、30分ほど浸しておく。

2 具材をのせる
1にベーコン、長ねぎ、にんにく、ローリエをのせ、白ワインを回しかけ、塩小さじ1/2、こしょうをふる。

3 蓋をして強めの中火→弱火
蓋をして強めの中火にかけ、蒸気が漏れてきたら弱火にして10分ほど、中火で5分ほど加熱し、火を止めてそのまま10分ほど蒸らす。

4 バター、薄口しょうゆを混ぜる
炊き上がったらバター、薄口しょうゆを加え、下からひっくり返すようにざっくりと混ぜ、塩、こしょうで味をととのえ、お好みでパセリを散らす。

ピラフ3 ミックスビーンズのカレーピラフ

加熱時間 **20**分

ごはんを炊く前に具材をカレー粉で炒めておくと、香りがよくなり、味がよくなじみます。
ウスターソースも入れてコクをつけて。仕上げのバターを忘れずに。

材料（3合分・20cmのSTAUB使用）

- 米 — 3合
- 水 — 540ml（無洗米の場合590ml）
- 合びき肉 — 150g
- ミックスビーンズ — 100g
- 玉ねぎ — 1/4個
- にんにく — 1かけ
- しょうが — 1/2かけ
- **A**
  - カレー粉 — 大さじ1〜1・1/2
  - ウスターソース — 大さじ1
  - 顆粒ブイヨン — 小さじ1
- ローリエ 1枚
- バター — 10g
- 塩・こしょう — 各適量
- チリパウダー — 適宜

下ごしらえ

1. 米は洗い、ザルにあげて水けをきる。
2. 玉ねぎ、にんにく、しょうがはみじん切りにする。

1 鍋に米、水を入れる
鍋に米と水を入れ、30分ほど浸しておく。

2 具材をのせる
フライパンに合びき肉を強めの中火で炒め、脂が出たら玉ねぎ、にんにく、しょうがを加えて炒め、ミックスビーンズ、**A**を加えてさらに炒め、**1**にのせ、ローリエを加える。

3 蓋をして 強めの中火→弱火
蓋をして強めの中火にかけ、蒸気が漏れてきたら弱火にして10分ほど、中火で5分ほど加熱し、火を止めてそのまま10分ほど蒸らす。

4 バターを混ぜる
炊き上がったら、バターを加え、下からひっくり返すようにざっくりと混ぜ、塩、こしょうで味をととのえる。お好みでチリパウダーをふる。

教えて! STAUB こんなとき、どうする？［4］

Q
ラ・ココット de GOHAN の鍋は炊飯以外にどんな料理に向いていますか？

A
炊飯に特化したラ・ココット de GOHAN の鍋は、ストウブの鍋の特徴を保ちつつ、少量のごはんを手軽においしく炊き上げることができます。1合炊きのSサイズ（12cm）、2合炊きのMサイズ（16cm）の2種類があります。コロンと丸みのある形が羽釜のような対流を生むことができ、米をおいしく炊くことができるのです。とはいえ、炊飯だけでなく、通常のストウブと同じように使用できるのもうれしいところ。また、高さがあるので、ジャムの煮詰めやトマトソースのように跳ねやすい調理に適しています。

Q
ごはんをラ・ココット de GOHAN の鍋で炊く場合、3合炊きのレシピで炊くことはできますか？

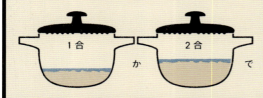

A
炊飯に特化したラ・ココット de GOHAN の鍋は、Mサイズなら2合炊きを、Sサイズなら1合炊きを推奨しています。ですので、3合分のごはんを炊くなら、ラ・ココット de GOHAN ではなく、20cmのピコ・ココット ラウンドが最適でしょう。その場合は、米と水の分量をそれぞれに合うよう調整を。白ごはんなら、米3合に対して水540ml、玄米ごはんなら、玄米3合に対して水630ml、雑穀ごはんなら、米3合＋雑穀45gに対して水600mlというように調整を。作り方は、火加減と加熱時間もP96と同様にして炊いてOKです。

Q
ストウブは、パンを作る際の焼き型としても使えますか？

A
オーブンの200℃前後の熱に耐えられるストウブなら、パンやケーキに使う型の代用として使えます。しかも、無水調理ができるストウブは、気密性と熱伝導率が高いので、発酵の際のパン生地を乾燥から防ぎ、またハード系のパンでは最初の何分かを蓋を閉めて焼くことで蒸気焼成もできます。熱伝導率が高いのでパンやケーキの底や側面も含め均一な焼き色に焼き上がります。ただし、冷めにくい性質もありますので、焼き上がったらすぐに取り出さないと、生地に熱が入りすぎて、乾燥してパサついてしまうので気をつけましょう。

STAUBのおいしさのヒミツ 6
どうして混ぜてオーブンに入れるだけでパンが焼けるの？

生地をこねて発酵させ、成形して、オーブンに入れて焼く…と面倒なイメージが強いパン作り。ストウブを使えば、こねる必要がないから本当に簡単！ふわふわおいしい！

生地はこねずに混ぜるだけ！オーブンとストウブがあれば簡単にパンが焼ける！

こねる作業が面倒なパン作りに革命を起こしたストウブ。熱伝導性が高いので、水分が多い高加水パンの焼き型代わりに最適です。高加水パンは、こねずに混ぜるだけだから、本当に手軽！ボウルに材料を入れて混ぜ、発酵させて軽く成形し、そのままストウブの鍋に入れてオーブンで焼くだけ。最初に蓋をして焼くことで、熱を外に逃がさず、まわりをカリッと焼き上げます。そして、その後、蓋を取って表面をしっかり焼き上げるので、ハード系のパンもおいしい！ふんわりしたパンもストウブで簡単においしく焼けます。ハード系のカンパーニュやふんわりしたちぎりパンなどをストウブで焼いて、朝食やおやつにアレンジして味わいましょう。

パンの焼き方 HOW TO

1 生地を混ぜる
ぬるま湯でイーストと砂糖を溶かしたら、粉や塩を加えて混ぜる。粉は半量ずつ加えて混ぜるのがコツ。

→一次発酵→

2 成形して鍋に入れる
一次発酵したら、鍋にオーブン用シートを敷き、生地を移す。種類によっては成形してから入れる。

→二次発酵→

3 オーブンで焼く (250→230℃)
二次発酵したら、蓋をしてオーブンで焼く。途中、蓋を取って焼き上げる。種類によっては蓋をしない。

パン1 カンパーニュ

田舎という意味をもつ素朴なパンです。見た目のずっしり感よりも軽めに仕上がっています。
スライスしてサンドイッチにするのはもちろん、ジャムやパテを塗って食べても◎。

加熱時間 **33**分

材料（5〜6人分・20cmのSTAUB使用）

- 薄力粉……170g
- 強力粉……170g
- 全粒粉……30g
- ライ麦粉（中びき）……30g
- ドライイースト……4g
- はちみつ……10g
- 塩……5g
- 水……360ml
- ライ麦粉（仕上げ用）……大さじ1/2〜1

下準備

1. 強力粉、薄力粉、全粒粉、ライ麦粉は合わせておく。（※粉の種類によって吸水性が違うので、あらかじめしっかり混ぜる）
2. 鍋にサラダ油適量（分量外）を薄く塗り、オーブン用シートを敷く。

1 イーストとはちみつを溶く
耐熱ボウルに水を入れ、電子レンジで40℃に温め、ドライイースト、はちみつを加え、泡立て器でしっかり混ぜる。(※イーストが活動しやすい温度で、栄養源のはちみつや砂糖とよく混ぜることで発酵しやすくなる)

2 半量の粉を混ぜる
合わせた粉の約半量を加え、泡立て器で混ぜる。(※水分量の多い生地なので、一度に加えるとだまになりやすい。2回に分けることで、なめらかないい生地になる)

3 塩、残りの粉を混ぜる
塩を加えてゴムベラで軽く混ぜ、残りの粉を加えて粉っぽさがなくなるまで混ぜる。(※塩は発酵を抑える働きを担うので、イーストに栄養源のはちみつや砂糖を加え、粉でコーティングしてから加える。※5回ぐるぐる混ぜ、底からひっくり返すように大きく混ぜる。これを5回くらい繰り返す)

注意事項
ストウブを使って生地を発酵させるとき、ステンレスや大理石などの上に置くと、鍋全体が冷たくなってしまうため、布やウッドプレートの上に置いて発酵させてください。

7 二次発酵させる
蓋をして15～20分ほどおき、生地が1.5倍に膨らむまで二次発酵させる。(※生地が乾かないように蓋をして密閉する。また、ストウブは気密性と保温性が高いので、発酵器がなくても上手に発酵できる)

250 → 230℃

8 蓋をして焼く
生地の表面にライ麦粉をふる。蓋をして250℃に熱したオーブンで8分ほど焼く。温度を230℃に落とし、蓋を取ってさらに20～25分焼く。(※蓋をして8分ほど焼くことで、ハード系のパンを焼くときの蒸気焼成の役割を果たす)

4 ラップをする
ふわっとラップをする。（※室温が18℃を下回るときは、電子レンジで20秒加熱する）

5 一次発酵させる
室温（24℃くらい）に30分ほどおき、生地が2倍に膨らむまで一次発酵させる。

6 鍋に生地を入れる
オーブン用シートを敷いた鍋に生地を移し入れる。

Arrange Recipe

ブレックファーストサンド

材料（2人分）

カンパーニュ──1cm幅に切ったもの2枚、卵──2個、ベーコン──4枚、ベビーリーフ──適量、塩・こしょう──各適量、オリーブオイル──大さじ1/2、バター──適量

作り方

1. カンパーニュは横半分に切り、オーブントースターでこんがり焼く。
2. フライパンにオリーブオイルを中火で熱し、ベーコンをカリカリになるまでじっくり焼き、取り出す。
3. 2のフライパンに卵を割り入れ、白身のまわりがカリカリになるまで焼く。
4. 1の片面にバターを塗り、ベビーリーフ、ベーコン、目玉焼きの順にのせ、塩、こしょうをふり、挟む。

バナナとくるみのタルティーヌ

材料（2人分）

カンパーニュ──1cm幅に切ったもの1枚、バナナ──1本、くるみ──大さじ3、カッテージチーズ──大さじ3、シナモンシュガー──大さじ1〜1・1/2、バター・ミント──各適量

作り方

1. カンパーニュは縦半分に切り、片面にバターを塗る。
2. 1に薄切りにしたバナナ、くるみをのせ、シナモンシュガーをふり、オーブントースターで2〜3分焼く。
3. カッテージチーズをのせ、ミントを散らす。お好みでさらにシナモンシュガー少々（分量外）をふる。

パン2 カマンベールチャパタ

もっちりと食べ応えのあるパン生地に、カマンベールを入れてちょっと贅沢にしてみました。
食事にも、おつまみにもぴったりです。

加熱時間 **32**分

材料（2〜4人分・20cmのSTAUB使用）
- 強力粉──140g
- 薄力粉──60g
- ドライイースト──1g
- 砂糖──6g
- 塩──3g
- 水──70ml
- ビール──100ml
- カマンベール──1/2個
- 強力粉（仕上げ用）──大さじ1/2

下準備
1. 強力粉、薄力粉は合わせておく。
2. 鍋にサラダ油適量（分量外）を塗り、オーブン用シートを敷く。

1. イーストと砂糖を溶く
耐熱ボウルに水を入れ、電子レンジで40℃に温め、ビール、ドライイースト、砂糖を加え、泡立て器でしっかり混ぜる。

2. 半量の粉を混ぜる
合わせた粉の約半量を加え、泡立て器で混ぜる。

3. 塩、残りの粉を混ぜる
塩を加えてゴムベラで軽く混ぜ、残りの粉を加えて粉っぽさがなくなるまで混ぜる。

4. 一次発酵させる
ふわっとラップをし（室温が18℃を下回るときは、電子レンジで10秒加熱する）、室温（24℃くらい）に30分ほどおき、生地が2倍に膨らむまで一次発酵させる。

5. 二次発酵させる
1.5cm角に切ったカマンベールを加えて混ぜ、鍋に移し入れ、蓋をして15〜20分ほどおき、生地が1.5倍に膨らむまで二次発酵させる。

6. 蓋をして焼く
強力粉を生地の表面にふり、蓋をして250℃に熱したオーブンで7分ほど焼く。温度を200℃に落とし、蓋を取ってさらに25分ほど焼く。
（※焼き時間と温度は焼き色を見ながら調整する）

250→200℃

Arrange Recipe

生ハムとモッツァレラのサンド

材料（1〜2人分）
カマンベールチャパタ──1/2個、モッツァレラ──1/2個、生ハム──3枚、くるみ──大さじ2、ベビーリーフ──適量、オリーブオイル──大さじ1/2、塩・こしょう──各少々

作り方
1. カマンベールチャパタは厚さを半分に切り、片面にオリーブオイルをかけ、塩、こしょうをふる。
2. ベビーリーフ、生ハム、ちぎったモッツァレラ、砕いたくるみの順にのせ、挟む。

ラスク（ナツメグバター＆チーズバジル）

材料（作りやすい分量）
カマンベールチャパタ──適量、
A［グラニュー糖・バター・ナツメグ──各適量］、
B［オリーブオイル・粉チーズ・ドライバジル・こしょう──各適量］

作り方
1. カマンベールチャパタは7mm幅に切り、2〜3等分に切る。AとBをそれぞれトッピングする。
2. 170℃に熱したオーブンで5分ほど焼き、そのまま10分ほどおく。

パン3 ちぎりパン

手で簡単にちぎれる、ふんわりふっくらのちぎりパン。
フライパンで作るよりも、少し高さのある形に仕上がります。

加熱時間 **25〜30**分

材料(4〜6人分・20cmのSTAUB使用)

- 強力粉——320g
- 薄力粉——80g
- ドライイースト——8g
- 砂糖——30g
- 塩——7g
- バター——40g
- 牛乳+卵1個——280g
- 打ち粉(強力粉)——適量

下準備

1. 溶き卵、バターは室温に戻す。
2. 強力粉、薄力粉は合わせておく。
3. 鍋にサラダ油適量(分量外)を薄く塗り、オーブン用シートを敷く。

1. イーストと砂糖を溶く
耐熱ボウルに牛乳を入れ、電子レンジで40℃に温め、ドライイースト、砂糖を加え、泡立て器でよく混ぜる。

2. 粉、塩、溶き卵、バターを混ぜる
合わせた粉の約半量を加え、泡立て器でよく混ぜ、塩、残りの粉、溶き卵を加えてゴムベラで混ぜる。粉っぽさがなくなったらバターを加え、油分が全体に混ざり、生地がなめらかになるまでよく混ぜる。

3. 一次発酵させる
ふわっとラップをし(室温が18℃を下回るときは、電子レンジで20秒加熱する)、室温(24℃くらい)に20〜30分おき、生地が2倍に膨らむまで一次発酵させる。

4. 生地を丸める
打ち粉をふった台に生地を取り出し、7分割して丸め、とじ目を下にして鍋の真ん中に1個おき、残りの6個をまわりにおく。

5. 二次発酵させる
蓋をして30〜35分おき、生地が1.5〜2倍に膨らむまで二次発酵させる。

6. 蓋をしないで焼く
蓋を取り、170℃に熱したオーブンで25〜30分焼く。(※焼き色が強い場合は、途中でアルミホイルをかぶせる)

170℃

Arrange Recipe

紅茶のフレンチトースト

材料(1人分)
ちぎりパン——1個、**A**[卵——1個、ミルクティー——100ml(牛乳100ml+ティーバックの紅茶1個)、砂糖——大さじ1]、メイプルシロップ——適量、バナナ・ミント・粉砂糖——各適宜

下準備
沸騰直前まで温めた牛乳に紅茶を入れ、そのまま粗熱が取れるまでおき、ミルクティーを作る。

作り方
1. ちぎりパンは縦半分に切り、よく混ぜた**A**に入れ、面を替えながら10分ほど漬け込み、網の上にのせて余分な卵液を取る。
2. 天板にオーブン用シートを敷き、**1**をのせ、180℃に予熱したオーブンで10分ほど焼く。
3. 器に盛り、メイプルシロップをかける。お好みで輪切りにしたバナナ、ミントをのせ、粉砂糖をふりかける。

パン4 フォカッチャ

オリーブオイルを練り込んだ風味豊かなイタリアの食事パン。
くぼみには、ミニトマト、チーズ、ローズマリーなど、お好みの具材を入れて楽しんで。

加熱時間 **25〜30** 分

材料（4〜5人分・20cmのSTAUB使用）
- 薄力粉——150g
- 強力粉——150g
- ドライイースト——3g
- 砂糖——10g
- 塩——4g
- オリーブオイル——大さじ2
- 水——120ml
- 牛乳——100ml
- 黒オリーブ（種抜き）——5粒
- オリーブオイル（仕上げ用）——大さじ2
- 打ち粉（強力粉）——適量

下準備
1. 薄力粉と強力粉は合わせておく。
2. 鍋にオリーブオイル適量（分量外）を薄く塗り、オーブン用シートを敷く。

1. イーストと砂糖を溶く
ボウルに牛乳と水を入れて混ぜ、電子レンジで40℃に温め、ドライイースト、砂糖を加え、泡立て器でよく混ぜる。

2. 半量の粉、塩を混ぜる
合わせた粉の約半量を加え、泡立て器で混ぜる。塩を加えてゴムベラで混ぜる。

3. 残りの粉、オリーブオイルを混ぜる
残りの粉を加え、粉が7割くらい混ざったら、オリーブオイルを加えて粉っぽさがなくなるまでさらに混ぜる。

4. 一次発酵させる
ふわっとラップをし（室温が18℃を下回るときは、電子レンジで15秒ほど加熱する）、室温（24℃くらい）に30分ほどおき、生地が2倍に膨らむまで一次発酵させる。

5. 二次発酵させる
膨らんだ生地に打ち粉をふり、打ち粉をふった台に取り出し、なるべく触らないように鍋の大きさに生地を丸く形作り、鍋に移して平らにし、蓋をして20〜30分二次発酵させる。（※なるべく触らないように鍋に移し替える）

6. オリーブを押し込んで焼く
指に強力粉少々（分量外）をつけて生地の表面にくぼみを作り、半分に切ったオリーブをくぼみに押し込む。仕上げ用のオリーブオイルを回しかけ、蓋をしないで220℃に熱したオーブンで25〜30分焼く。

Arrange Recipe

ポテサラサンド

材料（2人分）
フォカッチャ——4×4cmに切ったもの2個、ゆでたじゃがいも（7mm幅の輪切り）——1個分、玉ねぎ（薄切り）——1/4個分、ベーコン（3cm幅）——1枚分、粒マスタード——大さじ1/2、塩・こしょう・オリーブオイル——各適量、**A**［ゆで卵（乱切り）——1個分、ピクルス（みじん切り）——1本分、マヨネーズ・プレーンヨーグルト——各大さじ1、ドライバジル——少々］、パセリ（粗みじん切り）——少々

作り方
1. ボウルに**A**を入れてよく混ぜる。
2. フライパンにオリーブオイル大さじ1/2とベーコンを中火で熱し、脂が出たら、玉ねぎ、じゃがいもを炒め、粒マスタード、塩、こしょうを加える。
3. 横半分に切ったフォカッチャをオーブントースターで焼き、（焼いた当日はそのまま）オリーブオイル小さじ2をかけ、**2**をのせ、**1**をかけ、パセリを散らす。お好みでこしょうを多めにかけ、挟む。

119

パン5 タルトフランベ

見た目はピザのようですが、トマトソースは使わずにチーズやサワークリームなどの乳製品を使います。
マスカルポーネとベーコンのトッピングは、シンプルながらも絶品。

加熱時間 **10〜15**分

材料（2〜3人分・20cmのSTAUB使用）
- 強力粉……80g
- 全粒粉……20g
- ドライイースト……1g
- 砂糖……2g
- 塩……1g
- オリーブオイル……10g
- 水……60ml
- 打ち粉（強力粉）……適量

〈トッピング〉
- ベーコン……2枚
- マスカルポーネ……70〜100g
- 玉ねぎ……1/2個
- オリーブオイル……大さじ1/2

下準備
1. 強力粉と全粒粉を合わせておく。
2. 鍋にサラダ油適量（分量外）を薄く塗り、オーブン用シートを敷く。
3. フライパンにオリーブオイルを中火で熱し、5mm幅に切ったベーコンを炒め、薄切りにした玉ねぎを加えてさらに炒め、塩、こしょうで味をととのえて冷ます。

1. イーストと砂糖を溶く
耐熱ボウルに水を入れ、電子レンジで40℃に温め、ドライイースト、砂糖を加え、泡立て器でよく混ぜる。

2. 半量の粉を混ぜる
合わせた粉の半量を加え、泡立て器でよく混ぜる。

3. 塩、残りの粉、オリーブオイルを混ぜる
塩を加えてゴムベラで混ぜ、残りの粉を加えて混ぜ、粉が7割くらい混ざったらオリーブオイルを加え、粉っぽさがなくなり、油が全体に回るまでよく混ぜ、まとめる（**a**）。

4. 発酵させる
ふわっとラップをし（室温が18℃以下を下回るときは、電子レンジで10秒加熱する）、室温（24℃くらい）に20〜30分おき、生地が2倍に膨らむまで発酵させる（**b**）。

5. 生地を伸ばして鍋に入れる
打ち粉をふった台に生地を取り出し、鍋より1.5cm大きめに伸ばし、鍋に入れ、鍋肌にそわせる。

6. トッピングをして焼く
生地の表面に室温に戻したマスカルポーネを塗り、残りのトッピングを全体にのせ、蓋をしないで200℃に熱したオーブンで10〜15分焼く。

a

b

メモ
タルトフランベの生地は、ピザ生地の代わりとしても使えます。トッピングは、きのこ×ウインナー×グリエールチーズや、りんごジャム×シナモンシュガー×マスカルポーネチーズがおすすめです。

121

STAUBで作るデザート

ストウブを型として作るケーキ、果物を活かしたコンポートやジャム、ストウブの保温性を利用したプリンなど、さまざまなデザートが作れます。砂糖は、きび砂糖、上白糖と記載されているもの以外は、お好みの砂糖をお使いください。

加熱時間 **25〜35**分

アップルクランブルケーキ

材料（2〜3人分・23cmのオーバル使用）
りんご（紅玉）……1個、
きび砂糖・バター……各30g、
カルダモンパウダー……少々、
A［バター・全粒粉（薄力粉でも可）・アーモンドプードル・きび砂糖……各30g、カルダモンパウダー……少々］

下準備
Aのバターは1cm角に切り、ボウルに入れる。残りの**A**を加え、冷蔵庫で30分ほど冷やす。

作り方
1. クランブルを作る。冷やした**A**を冷蔵庫から出し、バターを手でつぶすように押しながら全体を混ぜ、手のひらで軽くこするようにそぼろ状に作る。
（※長い時間混ぜるとバターが溶けてしまい、そぼろ状にならないので、手早く仕上げる）
2. アップルフィリングを作る。りんごは皮をよく洗い、芯を取り除き、8等分のくし形切りにする。鍋にきび砂糖、バターを中火で熱し、ふつふつと色づいてきたら、りんごを加えてしっかり絡め、カルダモンパウダーをかける。
3. 2に1をまんべんなくかけ、上からきび砂糖適量（分量外）を薄くふりかける。
4. 蓋はしないですぐに180℃に熱したオーブンで20〜30分焼く。お好みでカルダモンパウダーをふる。

※16cmのSTAUBでも作れます

加熱時間 **12~15**分

ドイツ風パンケーキ

材料（2~3人分・16cmのSTAUB使用）

A［砂糖……50g、卵……2個、牛乳……70ml、塩……小さじ1/4、バニラオイル……少々］、薄力粉……50g、バター……15g、レモン（薄切り）……1枚、粉砂糖・メープルシロップ……各適量

作り方

1. ボウルに**A**を入れ、泡立て器で混ぜ、薄力粉をふるって加え、さらに混ぜる。
2. 鍋にバターとレモンを熱し、レモンを一度取り出し、**1**を流し入れ、200℃に熱したオーブンで15~20分焼く。全体が大きく膨らみ、まわりに強く焼き色がつくまで焼く。
3. レモンをのせ、粉砂糖をたっぷりふりかけ、メープルシロップをかける。

加熱時間 **20~25**分

ビクトリアケーキ

材料（4~6人分・16cmのSTAUB使用）

薄力粉……70g、卵……2個、グラニュー糖……60g、溶かしバター……30g、バニラオイル……3滴、いちごジャム（P124、または市販）……大さじ3~4、粉砂糖……適量

下準備

鍋の側面にバター適量（分量外）を塗り、小麦粉適量（分量外）をまぶす。鍋底にはオーブン用シートを敷く。

作り方

1. ボウルに卵を割り入れ、グラニュー糖を加えて混ぜてから、80℃の湯煎にかけ、電動ミキサーで「の」の字を書いてしばらく消えなくなるまで泡立て、湯煎からおろし、さらに室温になるまで泡立てる。
2. **1**に薄力粉を4~5回に分けてふるいながら加え、ゴムベラで練らないように混ぜ、溶かしバター、バニラオイルを加えてさらに混ぜる。
3. 下準備した鍋に**2**を流し入れ、170℃に熱したオーブンで20~25分焼き、中心を竹串で刺し、液体がついてこなければひっくり返し、ケーキを取り出す。（※余熱でケーキが乾燥してしまうので、鍋から早めに出す）
4. **3**が冷めたら厚みを半分に切り、ジャムをのせて挟み、粉砂糖をふりかける。

123

加熱時間 **25~35**分

いちごジャム

材料（作りやすい分量・GOHAN Mサイズ使用）
いちご……400g、砂糖……200g、
白ワイン……大さじ2、レモン汁……大さじ1
※白ワインの代わりにキルシュ、コアントロー、グランマニエでも可

作り方
1. 鍋にヘタを取ったいちご、砂糖、白ワイン、レモン汁を入れてよく混ぜる。中火にかけ、沸騰するまでアクを取りながら加熱する。
2. 沸騰したら弱火にして20～30分、アクを取り、混ぜながら煮詰める。

保存のこと ［冷蔵 **1** 週間 ｜ 冷凍 **6** ヵ月］
粗熱が取れたら、清潔な保存容器に入れ、蓋をして冷蔵保存。冷凍保存するときは、冷凍保存袋に入れて密閉し、平らにしてトレイの上で冷凍する。

加熱時間 **15**分

もものコンポート

材料（4人分・20cmのSTAUB使用）
もも……2個、**A**［砂糖……70～80g（ももの甘さによって加減）、白ワイン……60ml、バニラビーンズ……1/4本、水……250～300ml］

作り方
1. ももは熱湯にくぐらせて湯むきし、半分に割り、種を取り除く。皮はとっておく。
2. 鍋に**A**とももの皮を入れて強めの中火にかけ、沸騰したら、ももを加え、ももがかぶるくらいまでの水を注ぎ、オーブン用シートで落とし蓋をして中火で10分ほど加熱する。
3. 沸騰直前で火から下ろし、蓋をして冷めるまでおく。途中、竹串でももをひっくり返して、まんべんなくシロップに浸かるようにする。冷めたら冷蔵庫で冷やす。

保存のこと ［冷蔵 **1** 週間 ｜ 冷凍 **1** ヵ月］
粗熱が取れたら、シロップごと保存容器に入れ、蓋をして冷蔵保存。冷凍保存するときは、冷凍保存袋にシロップごと入れて密閉し、平らにしてトレイの上で冷凍する。

124　※ももは冷凍すると食感がやわらかくなります

加熱時間 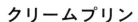 **25~35**分

クリームプリン

材料（5個分・20cmのSTAUB使用）

全卵（55〜58g）……1・1/2個、卵黄……1個分、牛乳（乳脂肪分が高いもの）……200ml、生クリーム（乳脂肪分40%以上）……100ml、砂糖……50g〈カラメル〉上白糖……50g、ラム酒……大さじ2

下準備（カラメル作り）

1. 小さめのフライパンに上白糖を入れ、中火にかける。
2. まわりが茶色い液状になってきたらフライパンを揺するようにしながら、全体が濃い茶色い液状になるまで加熱する。
3. 煙が出はじめたら、ラム酒を加え、揺すりながら混ぜ、すぐにオーブン用シートを敷いたバットに流し入れる。固まったら割り、容器に入れる。（※ラム酒を加えるときに跳ねるのでやけどに注意）

作り方

1. 牛乳は耐熱容器に入れ、電子レンジで70℃くらいに温める。
2. ボウルに全卵、卵黄を入れ、泡立て器で崩し、砂糖を加えてよくすり混ぜる。
3. すり混ぜながら1を加えて泡立てないようによく混ぜ、生クリームを加えて混ぜ、容器に流し入れる。
4. 鍋に布巾を敷き、3を並べ、熱湯を容器の半分まで注ぎ(a)、中火で沸騰直前まで加熱し、蓋をして弱火で20〜30分加熱する。

5. 20分経ったら一度確認し、全体に固まっていたら、竹串を刺し、透き通った液が出たら火を止め、鍋から取り出し、粗熱が取れたら冷蔵庫で冷やす。

125

さくいん

肉類・肉加工品

牛肉
ローストビーフ……50
ローストビーフの雑穀サラダ……51
牛すね肉の煮込み……52
牛すじ煮……54
牛肉の根菜ロール……55

豚肉
焼き豚……44
焼き豚と香味野菜のサラダ……45
豚の角煮……46
ローストロールポーク……48
豚バラと冬瓜の含め煮……49
中華風肉みそ……59
ポトフ……80
スープパスタ……81
豚肉とりんごの煮込み……84
豚バラと白菜のスープ煮……85
コラテッラ（白もつのトマト煮込み）……87

鶏肉
ゴロゴロ野菜のスープカレー……29
蒸し鶏……38
蒸し鶏とまいたけの棒々鶏……39
洋風いり鶏……40
タイ風焼き鳥（ガイヤーン）……42
タンドリーチキン……43
鶏のから揚げ……72
ひよこ豆と鶏の無水カレー……82
コック・オー・バン……92
五目ごはん……100

ひき肉
かぼちゃのそぼろあんかけ……21
スパイシーミートソース……56
ミートローフ……94
ミックスビーンズのカレーピラフ
……105

肉加工品
焼き玉ねぎのバルサミコソース……15
さつまいもとベーコンの
スパイシー炒め……19
いんげんと生ハムのサラダ……27
レンズ豆とベーコンの煮込み……33
濃厚クラムチャウダー……86
コック・オー・バン……92
ミートローフ……94
ほうれん草とオレンジのサラダ……94
長ねぎとベーコンの炊き込みピラフ
……104
ブレックファーストサンド……113
生ハムとモッツァレラのサンド……115
ポテサラサンド……119
タルトフランベ……120

魚介・魚介加工品

あさり
濃厚クラムチャウダー……86

あじ
あじの香り揚げ……75

アンチョビ
アンチョビガーリックトマトソース
……58
きのことアンチョビのオイルソース
……59
サラダ・ニソワーズ……92

いか
いかのトマト煮……71

いわし
いわしの梅干し煮……69

えび・干しえび
ブロッコリーと干しえびの
中華風炒め……17
ズッキーニとえびのレモンサラダ……24
えびとじゃがいもの
オリーブオイル蒸し……67
えびとアスパラのフリット……74

まぐろ
手作りツナ……64
ツナとレモンのカルボナーラ……65
サラダ・ニソワーズ……92

鮭・サーモン
根菜と鮭の和風シチュー……29
サーモンのチーズクリーム煮……70
サーモンとレモンの炊き込みピラフ
……102

さば
さばのレモンオリーブオイル蒸し
……66

しらす干し・
ちりめんじゃこ
ブロッコリーとじゃこの和え物……17
しらすと梅の炊き込みごはん……101

鯛
鯛めし……98

ぶり
ぶり大根……68

野菜類・野菜加工品

かぼちゃ
蒸しかぼちゃ……20
かぼちゃのそぼろあんかけ……21
かぼちゃと大豆の
和風クリームサラダ……21

カリフラワー
濃厚クラムチャウダー……86

キャベツ
ポトフ……80
スープパスタ……81

グリーンアスパラガス
えびとアスパラのフリット……74

ごぼう
ゴロゴロ野菜の蒸し焼き……28
ゴロゴロ野菜のスープカレー……29
根菜と鮭の和風シチュー……29
五目煮豆……32
牛すじ煮……54
牛肉の根菜ロール……55

さやいんげん
いんげんの蒸し焼き……27
いんげんと生ハムのサラダ……27
サラダ・ニソワーズ……92

ズッキーニ
ズッキーニの蒸し焼き……24
ズッキーニとえびのレモンサラダ……24
洋風いり鶏……40
彩り野菜の洋風揚げ浸し……75

セロリ
大豆と香味野菜のポタージュ……32
洋風いり鶏……40
牛すね肉の煮込み……52
スパイシーミートソース……56
アンチョビガーリックトマトソース
……58
ツナとレモンのカルボナーラ……65
いかのトマト煮……71
ポトフ……80
スープパスタ……81
濃厚クラムチャウダー……86
コラテッラ（白もつのトマト煮込み）……87
ミートローフ……94
さつまいもとにんじんのポタージュ
……94
サーモンとレモンの炊き込みピラフ
……102

枝豆
蒸し枝豆……26
枝豆のホットソース和え……26

大根
牛すじ煮……54
ぶり大根……68

玉ねぎ
蒸し玉ねぎ……14
玉ねぎとナッツのチーズ焼き……15
焼き玉ねぎのバルサミコソース……15
ブロッコリーと干しえびの
中華風炒め……17
洋風いり鶏……40
ローストロールポーク……48
牛すね肉の煮込み……52
スパイシーミートソース……56
アンチョビガーリックトマトソース
……58
サーモンのチーズクリーム煮……70
いかのトマト煮……71
ポトフ……80
スープパスタ……81
ひよこ豆と鶏の無水カレー……82
濃厚クラムチャウダー……86

コラテッラ（白もつのトマト煮込み）……87
コック・オー・バン……92
ミートローフ……94
ミックスビーンズのカレーピラフ
……105
ポテサラサンド……119
タルトフランベ……120

冬瓜
豚バラと冬瓜の含め煮……49

とうもろこし
蒸しとうもろこし……25
とうもろこしとピーマンのサラダ
……25

トマト・ミニトマト・
トマト缶
洋風いり鶏……40
ローストビーフの雑穀サラダ……51
牛すね肉の煮込み……52
スパイシーミートソース……56
アンチョビガーリックトマトソース
……58
いかのトマト煮……71
ひよこ豆と鶏の無水カレー……82
コラテッラ（白もつのトマト煮込み）……87
コック・オー・バン……92
サラダ・ニソワーズ……92

なす
彩り野菜の洋風揚げ浸し……75

長ねぎ
ブロッコリーとじゃこの和え物……17
きのこと長ねぎのフラン……23
ゴロゴロ野菜の蒸し焼き……28
ゴロゴロ野菜のスープカレー……29
根菜と鮭の和風シチュー……29
大豆と香味野菜のポタージュ……32
蒸し鶏とまいたけの棒々鶏……39
焼き豚と香味野菜のサラダ……45
豚バラと冬瓜の含め煮……49
きのことアンチョビのオイルソース
……59
中華風肉みそ……59
えびとじゃがいもの
オリーブオイル蒸し……67
ぶり大根……68
豚肉とりんごの煮込み……84
豚バラと白菜のスープ煮……85
コック・オー・バン……92
さつまいもとにんじんのポタージュ
……94
長ねぎとベーコンの炊き込みピラフ
……104

にんじん
ゴロゴロ野菜の蒸し焼き……28
ゴロゴロ野菜のスープカレー……29
根菜と鮭の和風シチュー……29
五目煮豆……32
牛すじ煮……54
牛肉の根菜ロール……55
スパイシーミートソース……56
ポトフ……80
スープパスタ……81
さつまいもとにんじんのポタージュ
……94

五目ごはん ……… 100

白菜
豚バラと白菜のスープ煮 ……… 85
濃厚クラムチャウダー ……… 86

パプリカ・ピーマン
とうもろこしとピーマンのサラダ
……… 25
洋風いり鶏 ……… 10
彩り野菜の洋風揚げ浸し ……… 75

ブロッコリー
蒸しブロッコリー ……… 16
ブロッコリーと干しえびの
中華風炒め ……… 17
ブロッコリーとじゃこの和え物 ……… 17

ほうれん草 (サラダほうれん草)
ほうれん草とオレンジのサラダ ……… 94

ベビーリーフ・ロメインレタス
ローストビーフの雑穀サラダ ……… 51
サラダ・ニソワーズ ……… 92
ブレックファーストサンド ……… 113
生ハムとモッツァレラのサンド ……… 115

れんこん
ゴロゴロ野菜の蒸し焼き ……… 28
ゴロゴロ野菜のスープカレー ……… 29
根菜と鮭の和風シチュー ……… 29
牛肉の根菜ロール ……… 55

きのこ類

エリンギ
きのこの酒蒸し ……… 22
きのこと長ねぎのフラン ……… 23
厚揚げのきのこあんかけ ……… 23
きのことアンチョビのオイルソース
……… 59

しいたけ
かぼちゃのそぼろあんかけ ……… 21
きのこの酒蒸し ……… 22
きのこと長ねぎのフラン ……… 23
厚揚げのきのこあんかけ ……… 23
きのことアンチョビのオイルソース
……… 59
五目ごはん ……… 100

しめじ
きのこの酒蒸し ……… 22
きのこと長ねぎのフラン ……… 23
厚揚げのきのこあんかけ ……… 23
きのことアンチョビのオイルソース
……… 59

まいたけ
蒸し鶏とまいたけの棒々鶏 ……… 39

マッシュルーム
スパイシーミートソース ……… 56
コック・オー・バン ……… 92

いも類・いも加工品

さつまいも
蒸しさつまいも ……… 18
さつまいもとくるみの
シナモンバター ……… 19
さつまいもとベーコンの
スパイシー炒め ……… 19
さつまいもとにんじんのポタージュ
……… 94

じゃがいも
ゴロゴロ野菜の蒸し焼き ……… 28
ゴロゴロ野菜のスープカレー ……… 29
根菜と鮭の和風シチュー ……… 29
えびとじゃがいもの
オリーブオイル蒸し ……… 67
ポトフ ……… 80
スープパスタ ……… 81
じゃがいものグラタン ……… 92
サラダ・ニソワーズ ……… 92
ポテサラサンド ……… 119

こんにゃく
五目煮豆 ……… 32
牛すじ煮 ……… 54
五目ごはん ……… 100

卵・乳製品

卵・温泉卵
きのこと長ねぎのフラン ……… 23
いんげんと生ハムのサラダ ……… 27
豚の角煮 ……… 46
ツナとレモンのカルボナーラ ……… 65
サラダ・ニソワーズ ……… 92
ブレックファーストサンド ……… 113
ちぎりパン ……… 116
紅茶のフレンチトースト ……… 117
ポテサラサンド ……… 119
ドイツ風パンケーキ ……… 123
ビクトリアケーキ ……… 123
クリームプリン ……… 125

牛乳
きのこと長ねぎのフラン ……… 23
根菜と鮭の和風シチュー ……… 29
大豆と香味野菜のポタージュ ……… 32
濃厚クラムチャウダー ……… 86
さつまいもとにんじんのポタージュ
……… 94
ちぎりパン ……… 116
紅茶のフレンチトースト ……… 117
フォカッチャ ……… 118
ドイツ風パンケーキ ……… 123
クリームプリン ……… 125

チーズ
玉ねぎとナッツのチーズ焼き ……… 15
とうもろこしとピーマンのサラダ
……… 25
サーモンのチーズクリーム煮 ……… 70
バナナとくるみのタルティーヌ ……… 113
カマンベールチャパタ ……… 114
生ハムとモッツァレラのサンド ……… 115
ラスク ……… 115
タルトフランベ ……… 120

生クリーム
きのこと長ねぎのフラン ……… 23
ツナとレモンのカルボナーラ ……… 65
サーモンのチーズクリーム煮 ……… 70
濃厚クラムチャウダー ……… 86
じゃがいものグラタン ……… 92
クリームプリン ……… 125

プレーンヨーグルト
タンドリーチキン ……… 43
ローストビーフの雑穀サラダ ……… 51
ポテサラサンド ……… 119

豆類・大豆加工品

大豆
かぼちゃと大豆の
和風クリームサラダ ……… 21
ゆで大豆 ……… 30
大豆と香味野菜のポタージュ ……… 32
五目煮豆 ……… 32
濃厚クラムチャウダー ……… 86

ひよこ豆
ゆでひよこ豆 ……… 31
ひよこ豆のメープル煮 ……… 33
ひよこ豆と鶏の無水カレー ……… 82

ミックスビーンズ
ミックスビーンズのカレーピラフ
……… 105

レンズ豆
レンズ豆とベーコンの煮込み ……… 33

キドニービーンズ
牛すね肉の煮込み ……… 52

油揚げ・厚揚げ
厚揚げのきのこあんかけ ……… 23
五目ごはん ……… 100

果実類・果実加工品

いちご・いちごジャム
ビクトリアケーキ ……… 123
いちごジャム ……… 124

オレンジ
ほうれん草とオレンジのサラダ ……… 94

黒オリーブ
豚バラと白菜のスープ煮 ……… 85
コラテッラ (白もつのトマト煮込み) ……… 87
サラダ・ニソワーズ ……… 92
フォカッチャ ……… 118

バナナ
バナナとくるみのタルティーヌ ……… 113
紅茶のフレンチトースト ……… 117

もも
もものコンポート ……… 124

りんご
豚肉とりんごの煮込み ……… 84
アップルクランブルケーキ ……… 122

レモン
ズッキーニとえびのレモンサラダ
……… 24
とうもろこしとピーマンのサラダ
……… 25
ツナとレモンのカルボナーラ ……… 65
さばのレモンオリーブオイル蒸し
……… 66
サーモンとレモンの炊き込みピラフ
……… 102
ドイツ風パンケーキ ……… 123

ドライフルーツ
(レーズン・プルーン)
ローストロールポーク ……… 48
ミートローフ ……… 94

種実類

くるみ
さつまいもとくるみの
シナモンバター ……… 19
ほうれん草とオレンジのサラダ ……… 94
バナナとくるみのタルティーヌ ……… 113
生ハムとモッツァレラのサンド ……… 115

ミックスナッツ
玉ねぎとナッツのチーズ焼き ……… 15
ローストビーフの雑穀サラダ ……… 51

漬け物類

梅干し
いわしの梅干し煮 ……… 69
しらすと梅の炊き込みごはん ……… 101

ピクルス
ポテサラサンド ……… 119

穀類

米・もち米
鯛めし ……… 98
五目ごはん ……… 100
しらすと梅の炊き込みごはん ……… 101
サーモンとレモンの炊き込みピラフ
……… 102
長ねぎとベーコンの炊き込みピラフ
……… 104
ミックスビーンズのカレーピラフ
……… 105

雑穀
ローストビーフの雑穀サラダ ……… 51
いかのトマト煮 ……… 71

※食べ方アイデアは除く

上島亜紀 (かみしまあき)

料理家、フードコーディネーター&スタイリストとして女性誌を中心に活躍。簡単に作れる家庭料理を大切にしながら、日本各地、世界各国のレシピも好評。著書に『天板1枚で、ごちそうオーブン料理』『鍋ごとオーブンで、ごちそう煮込み料理』(学研プラス)、『一度にたくさん作るからおいしい煮込み料理』(成美堂出版)ほか多数。

staff

撮影
田村昌裕

スタイリング
花沢理恵

デザイン
三木俊一 (文京図案室)

調理アシスタント
常峰ゆう子

編集協力
丸山みき (SORA企画)

編集アシスタント
大森奈津／暮林まどか　柿本ちひろ (SORA企画)

編集担当
田丸智子 (ナツメ出版企画)

協力店
ジョイント (リーノ・エ・リーナ、トリュフ)
tel 03-3723-4270

道具協力
STAUB (ストウブ)
ツヴィリング J.A. ヘンケルス ジャパン
tel 0120-75-7155
http://www.staub.jp

ナツメ社Webサイト
http://www.natsume.co.jp
書籍の最新情報(正誤情報を含む)は
ナツメ社Webサイトをご覧ください。

無水調理からパンまで 何度も作りたくなる ストウブレシピ

2018年11月5日　初版発行
2019年1月20日　第2刷発行

著者　上島亜紀

©Kamishima Aki, 2018

発行者　田村正隆

発行所　株式会社ナツメ社
　　　　東京都千代田区神田神保町 1-52　ナツメ社ビル 1F (〒101-0051)
　　　　電話 03-3291-1257 (代表)　FAX 03-3291-5761
　　　　振替 00130-1-58661

制作　ナツメ出版企画株式会社
　　　東京都千代田区神田神保町 1-52　ナツメ社ビル 3F (〒101-0051)
　　　電話 03-3295-3921 (代表)

印刷所　図書印刷株式会社

ISBN978-4-8163-6539-3

Printed in Japan

本書に関するお問い合わせは、上記、ナツメ出版企画株式会社までお願いいたします。

〈定価はカバーに表示してあります〉
〈落丁・乱丁本はお取り替えします〉

本書の一部または全部を著作権法で定められている範囲を超え、ナツメ出版企画株式会社に無断で複写、複製、転載、データファイル化することを禁じます。